Arnt Cobbers

Berlin-Geschichte von der Reichsgründung bis heute

150 Jahre Politik, Wirtschaft, Kultur

Jaron Verlag

Abbildungen
S. 6 f.: Kaiserproklamation am 18. Januar 1871 (Gemälde von Anton von Werner, 1885)
S. 42 f.: Der Molkenmarkt im Jahr 1929 (Gemälde von Hans Baluschek, 1929)
S. 64 f.: Hitler nimmt vor der Neuen Wache eine Parade zum Gedenken an die Kriegsgefallenen ab
S. 88 f.: Checkpoint Charlie 1965
S. 138 f.: Die Kuppel des Reichstagsgebäudes
S. 160 f.: Der Fuß des Fernsehturms im Bau 1966

Originalausgabe
1. Auflage 2022

www.jaron-verlag.de
Umschlaggestaltung: Bauer+Möhring, Berlin, unter Verwendung eines Bildes von Hans Baluschek (1929)
Satz und Layout: Prill Partners | producing, Barcelona
Lithografie: Bild1Druck GmbH, Berlin
Druck und Bindung: Druckhaus Sportflieger, Berlin

ISBN 978-3-89773-437-1

Inhalt

Vorwort

150 Jahre umfasst dieser zweite Band der Berlin-Geschichte. Das ist nicht mal ein Fünftel der über 800 jährigen Geschichte der Stadt. Und doch ist Berlin erst in dieser Zeit zu dem geworden, was es heute ist. Es ist spannend zu verfolgen, wie Berlin aus zwei kleinen Handelsniederlassungen an der Spree zur wohlhabendsten Kaufmannsstadt der Mark Brandenburg wurde, dann zur beschaulichen Residenzstadt und schließlich zur Hauptstadt einer europäischen Großmacht und zur Wirtschaftsmetropole Mitteleuropas. Doch erst um 1871, als die Hauptstadt Preußens zur Hauptstadt des neugebildeten Deutschen Reiches wurde, setzte Berlins rasanter Aufstieg zu einer der größten, politisch, wirtschaftlich und kulturell wichtigsten Städte der Welt ein.

Das äußere Bild Berlins mit den fünfgeschossigen Mietskasernen und Hinterhöfen wurde ebenso wie das Selbstverständnis der Berliner in der relativ kurzen „Gründerzeit" geformt. Doch anders als andere Städte hat sich Berlin dann nicht kontinuierlich weiterentwickelt und allmählich verändert. Vielmehr hat Berlin im 20. Jahrhundert eine geradezu abenteuerliche Achterbahnfahrt erlebt, die in weiten Teilen der Stadt buchstäblich keinen Stein auf dem anderen gelassen hat: vom Gründerzeitboom zu den Hungerwintern im Ersten Weltkrieg, von den Goldenen Zwanzigerjahren zur Barbarei des Nationalsozialismus, vom Mekka der modernen Architektur zur Trümmerwüste am Ende des Zweiten Weltkriegs, von der Teilung der Stadt über Mauerbau und Mauerfall zur heutigen weltoffenen und kosmopolitischen Stadt, die Künstler und junge Leute aus aller Welt anzieht.

Das Schicksal hat Berlin und die Berliner in den letzten 150 Jahren extreme Höhen und Tiefen erleben lassen – und genau das macht die Beschäftigung mit der Geschichte der Stadt so spannend.

1871–1918
Berlin in der Kaiserzeit

Berlin wird Reichshauptstadt

Seit den 1860er-Jahren wurde Berlin zum Schauplatz der „großen" Politik. 1864 gewann Preußen (verbündet mit Österreich) den Krieg gegen Dänemark um Schleswig-Holstein, 1866 den „Bruderkrieg" gegen Österreich um die Vorherrschaft im Deutschen Bund. Berlin wurde zur Hauptstadt des „Norddeutschen Bundes", der alle deutschen Länder nördlich des Mains umfasste. Im Februar 1867 konstituierte sich der norddeutsche Reichstag im Palais Hardenberg am Dönhoffplatz, Preußens Ministerpräsident Bismarck wurde zugleich Bundeskanzler.

Die diplomatische Krise um die Kandidatur eines Hohenzollern auf den spanischen Thron 1870 nutzte Bismarck dann trickreich aus, um den französischen Kaiser Napoleon III. am 19. Juli 1870 zu einer Kriegserklärung an Preußen zu provozieren. Die süddeutschen Staaten solidarisierten sich, wie von Bismarck erhofft, mit Preußen, und so kam es zum Deutsch-Französischen Krieg, dessen entscheidende Schlacht die Deut-

Berlin im Jahre 1871

schen am 1./2. September in Sedan gewannen. Der „Sedanstag" wurde zum wichtigsten Feiertag im Kaiserreich.

Otto von Bismarck, zugleich Reichskanzler und preußischer Ministerpräsident (Gemälde von Franz von Lenbach, 1871)

Der von den Liberalen und Demokraten lange ersehnte Nationalstaat entstand also als Ergebnis eines Kriegs, befördert durch das kalte Kalkül eines konservativen Machtpolitikers. Noch vor Friedensschluss wurde Wilhelm I. im Spiegelsaal von Schloss Versailles am 18. Januar 1871 zum Deutschen Kaiser ausgerufen – fernab von Deutschland im exklusiven Kreis der Militärs; gewählte Volksvertreter hatte man nicht geladen.

Am 21. März 1871 eröffnete der Kaiser im Weißen Saal des Berliner Schlosses den ersten Deutschen Reichstag, der nun in allgemeinen, gleichen, direkten und geheimen Wahlen bestimmt worden war (beschränkt allerdings auf Männer ab 24 Jahren). Das Amt des Reichskanzlers übertrug der Kaiser Bismarck.

Zum politischen Zentrum der neuen „Reichshauptstadt" entwickelte sich die Friedrichstadt, besonders die Wilhelmstraße, in deren barocken Adelspalais sich die neuen Reichsministerien und -behörden einrichteten: die Reichskanzlei, das Auswärtige Amt und das Innenministerium, in dem auch der Bundesrat tagte. Er war das gewichtigste Gremium des Reichs, denn der Souverän war hier nicht das deutsche Volk, sondern die Gesamtheit der Fürsten und der drei freien Hansestädte (Hamburg, Bremen und Lübeck), die sich zum Reich zusammengeschlossen hatten.

Der Reichstag bezog ein Provisorium auf dem Gelände der alten Königlichen Porzellan-Manufaktur an der Leipziger Straße, ehe er 1894 ins heutige Reichstagsgebäude übersiedeln konnte. Am Ort des ersten Reichstags entstanden die Bauten für die beiden Kammern des Preußischen Landtags: das Herrenhaus (heute Bundesrat) und das Abgeordnetenhaus (heute Berliner Abgeordnetenhaus).

1870	1871	1871–73	1877	1879
	Berlin wird Hauptstadt des neugegründeten Deutschen Reiches	Gründerzeit im engeren Sinne, die mit einem Börsenkrach endet	Berlin wird Millionenstadt	erste deutsche Straßenbeleuchtung in der Friedrichstraße und Unter den Linden

Wilhelm I. (Gemälde von Franz von Lenbach, um 1886)

Die wichtigsten Botschaften lagen rings um den Pariser Platz und im Alsenviertel im Spreebogen. Auf dem Königsplatz wurde 1873 die Siegessäule aufgestellt, 1901 das „Nationaldenkmal" für Bismarck enthüllt, auf der Ostseite des Platzes entstand 1884–94 der neue Reichstag. Quer durch den Tiergarten zog sich von dort die 1898–1901 angelegte Siegesallee, ein „Geschenk" des Kaisers an „seine Berliner": 32 Standbilder(gruppen) zeigten die brandenburgisch-preußischen Landesherren von Albrecht dem Bären bis zu Wilhelm I.

Das äußere Bild Berlins

Das architektonische Bild Berlins wandelte sich erneut und radikal: Die „Berliner Schule" in der Nachfolge Schinkels, deren bedeutendster Vertreter August Stüler 1865 gestorben war, wurde vom Historismus abgelöst.

Die Bauten wurden ausladender, die Fassaden aufwendiger, die Stilformen älteren Baustilen wie Romanik, Gotik, Renaissance und Barock abgeschaut und kreativ weiterentwickelt. Mit der Doppelturmspitze der Nikolaikirche erhielt Alt-Berlin ein neues Wahrzeichen. Noch im Klassizismus wurzeln die Zions- und die Thomaskirche, die Neue Synagoge,

Erster Weltkrieg, auch die Berliner leiden unter Versorgungsengpässen

Berlin hat zwei Millionen Einwohner

Kaiser Wilhelm II. dankt ab, das Deutsche Reich wird zur Republik

Gewerbeausstellung im Treptower Park

80 1890 1896 1900 1905 1910 1914–18 1918 1920

mit der die jüdische Gemeinde endlich ein großes Gotteshaus erhielt, und der Martin-Gropius-Bau, die ersten S-Bahnhöfe, die 15 Markthallen, die 1886–93 gebaut wurden, sowie die Schulbauten aus rotem oder gelbem Backstein, die nun, als Zeichen einer gewandelten Schulpolitik, in großer Zahl entstanden. Paradebauten des Historismus, der um die Jahrhundertwende im „Wilhelminischen Barock" gipfelte, sind etwa die Kaiser-Wilhelm-Gedächtnis-Kirche (im Stil der Spätromanik), der Berliner Dom und die Staatsbibliothek Unter den Linden.

Fast idealtypisch zeigt sich die Stilentwicklung auf der Museumsinsel, deren Anlage Friedrich Wilhelm IV. ab 1840 veranlasst hatte: Von Schin-

Der Kurfürstendamm

Mehr als drei Jahrhunderte lang war Berlins Renommierboulevard ein anspruchsloser „Knüppeldamm", der von der Residenz zum kurfürstlichen Jagdschloss Grunewald führte. Es war Reichskanzler Otto von Bismarck, der um 1870 anregte, den seit dem 18. Jahrhundert „Churfürstendamm" genannten Weg in einen Prachtboulevard auszubauen. Verzögert durch den Gründerkrach, begann der Ausbau zur 53 Meter breiten Straße erst in den 1880er-Jahren, parallel zur Anlage der Villenkolonie Grunewald. Auf dem bis dahin unbebauten Land zwischen Charlottenburg und Wilmersdorf entstand in den folgenden zwei Jahrzehnten ein herrschaftliches Wohngebiet mit großen Mietshäusern längs des Damms und noblen Villen in den Nebenstraßen. Die Wohnungen umfassten oft zehn und mehr Zimmer, darunter Salon, Empfangsraum, Bibliothek und was man noch zum Leben brauchte, und konnten durchaus 500 Quadratmeter einnehmen. Auch in den Erdgeschossen befanden sich oft Wohnungen, doch bald zogen Cafés und Restaurants, Kinos und Kabaretts, Läden und Galerien ein. Der Kudamm wurde zum eleganten Einkaufsboulevard, zur Literaten- und Künstlermeile. Wahrzeichen des „Neuen Westens" wurden die 1891–95 errichtete neoromanische Kaiser-Wilhelm-Gedächtniskirche, das „Romanische Café" gegenüber am Auguste-Viktoria-Platz, heute Breitscheidplatz, und das 1907 eröffnete Kaufhaus des Westens („KaDeWe").

Der Alexanderplatz um 1900, nach Nordwesten gesehen

kels Altem Museum spannt sich der Bogen über Stülers klassizistisch zurückhaltendes Neues Museum und seinen auftrumpfenden Tempel der Alten Nationalgalerie bis zur pompösen Neoarchitektur des heutigen Bodemuseums (von des Kaisers Leibarchitekt Ernst von Ihne) und zum neoklassizistischen Pergamonmuseum, das erst 1930 fertiggestellt wurde.

Berlins Einwohnerzahl wuchs weiter rasant: 1877 wurde die Millionengrenze erreicht, 1905 die zweite Million. So herrschte im Großraum Berlin trotz des enormen Bauvolumens permanente Wohnungsnot. Sie erreichte in den Jahren vor dem Ersten Weltkrieg ihren Höhepunkt und konnte erst durch die großen sozialen Wohnungsbauprogramme der 20er-Jahre behoben werden. Bis etwa 1890 wurden alle Berliner Wohnhäuser an die Trinkwasserversorgung und die moderne Abwasserbeseitigung angeschlossen. Aber noch 1903 hatten erst 21 Prozent der Vorderhaus- und sechs Prozent der Hinterhauswohnungen Gasanschlüsse. Nach dem Plan von James Hobrecht – und unter entschiedener Fürsprache des Arztes Rudolf Virchow – wurde ab 1872 ein dezentrales Kanalisationssystem aufgebaut, das die Abwässer über Druckrohre und Pumpanlagen auf Rieselfelder am Stadtrand leitete, wo sie verdunsteten oder versickerten. Mit Inbetriebnahme des Systems gingen Infektionskrankheiten wie der Typhus schlagartig zurück. Parallel zum Ausbau der Stadt entstanden

Der Spittelmarkt 1895, nach Nordosten gesehen

die ersten Volksparks: der Humboldthain (1869–72), der Treptower Park (1878), der Viktoriapark in Kreuzberg (1888). Nach wie vor gab es erhebliche soziale Unterschiede zwischen einzelnen Stadtvierteln. So lag die Säuglingssterblichkeit 1890 in der Friedrichstadt bei 15 Prozent, in Wedding bei 35 Prozent (1909: 12 bzw. 20 Prozent). Doch insgesamt ermöglichte das in den 1880er-Jahren eingeführte Sozialversicherungssystem nun auch den Armen eine bessere Krankenversorgung. Das schlug sich im Ausbau des Krankenhauswesens nieder: 1870–74 entstand als erster städtischer Krankenhausneubau das Krankenhaus Friedrichshain, dessen Pavillonbauweise wegweisend wurde, etwa für die Krankenhäuser Moabit (ab 1872), „Am Urban" in Kreuzberg (1887–89) und Wedding (heute Klinikum Rudolf Virchow, 1906). In Dalldorf (Wittenau) entstand 1879 eine „Irrenanstalt", 1902 wurden die Lungenheilstätten bei Beelitz eröffnet. 1909 verfügte die Stadt Berlin über 26 öffentliche und 54 private Krankenhäuser oder „Heilanstalten", hinzu kamen in den Vororten weitere 78 Einrichtungen.

Bei jährlich bis zu 50.000 Todesfällen wurde der Platz auf den Friedhöfen knapp. Die Friedhofsfläche Groß-Berlins umfasste 1920 acht Quadratkilometer, verteilt auf zahllose kleinere und größere Anlagen. Erst 1911 erlaubte das Parlament nach jahrzehntelangem heftigem Widerstand der Kirchen die Feuerbestattung. Im selben Jahr nahm in Wedding das erste

Einwohnerzahlen der sieben Großstädte um Berlin

Einwohnerzahlen in den Jahren	*1871*	*1900*	*1910*
Charlottenburg	20.000	192.000	309.000
Rixdorf (1912 umbenannt in Neukölln)	11.400	102.000	252.000
Schöneberg	4.500	107.000	208.000
Lichtenberg	9.600	58.000	164.000
Wilmersdorf	2.100	38.000	123.000
Steglitz (das nie Stadtrechte erhielt)	3.300	51.000	117.000
Spandau	20.000	72.000	92.000

Berliner Krematorium seinen Betrieb auf (heute Silent Green Kulturquartier), 1913 folgte die Anlage in Treptow, 1922 die in Wilmersdorf.

Seit den 1880er-Jahren waren die Wachstumsmöglichkeiten der eigentlichen Stadt Berlin fast erschöpft, dafür schossen die Einwohnerzahlen der umliegenden Städte und Gemeinden in die Höhe, die mit der Kernstadt rasch zusammenwuchsen. Vom Wachstum Groß-Berlins profitierten vor allem „Terraingesellschaften" und die alten Grundbesitzer, die zu großen Vermögen kamen. Sprichwörtlich wurden die Schöneberger „Millionenbauern", deren Villen zum Teil noch heute an der alten Dorfaue (Hauptstraße) zu bewundern sind. Auch in den Berliner Randgemeinden bildeten sich separate Viertel der Wohlhabenden und der Arbeiter heraus, wobei der Wohnungsstandard (sanitäre Anlagen, Elektrizität, Zentralheizung usw.) in den äußeren Städten, da sie später wuchsen als die Kernstadt Berlin, generell höher war.

Das Restaurant zum Nussbaum im Nikolaiviertel 1903

Großbürgerliche Wohngegenden entstanden vor allem im „Neuen Westen", in Schöneberg (Bayerisches Viertel), Wilmersdorf und Charlottenburg, wo sich längs des Kurfürstendamms und um den Auguste-Viktoria-Platz (heute Breitscheidplatz) seit den 1890er-Jahren ein zweites Stadtzentrum

Die Köllnische Straße auf der Fischerinsel um 1900

ausbildete. Die Stadt Berlin verlor so an die Vorstädte wichtige Steuerzahler.

Viele Wohlhabende zog es noch weiter hinaus ins Grüne. Angebunden an die Vorortbahnen entstanden im Westen und Südwesten Villen- und

> Für den Ausländer, der in den beiden letzten Jahrzehnten vor dem Kriege regelmäßig nach Berlin kam, war jeder neue Besuch eine Überraschung. Von Jahr zu Jahr musste man seine Vorstellung von der Stadt revidieren, so irrsinnig rasch war das Tempo, womit sie sich nach innen wie nach außen entwickelte.
> *Der dänische Schriftsteller Martin Andersen Nexö*

Die Bewohner setzen sich aus verschiedenen Schichten zusammen, nur die obersten und untersten fehlen. Die besseren Wohnungen haben mittlere und kleine Beamte der Post, der Steuer oder der Stadt inne, daneben finden sich einige Offiziere im Ruhestand, kleinere Kaufleute, die den Tag über in der Stadt tätig sind, bescheidene Rentner, hier und da ein Schriftsteller oder Maler. Sehr stark sind Gewerbetreibende aller Art vertreten, deren Wohnungen neben den Läden im Erdgeschoss liegen. Den größten Teil der Bewohner bilden aber bessergestellte Arbeiter aller Zweige, Werkmeister, Monteure, Former und so weiter. Hier herrscht schon stark die Sozialdemokratie.

Die Läden der Straße dienen fast alle den nötigsten Lebensbedürfnissen. Gemüsehändler, Bäcker in großer Zahl, an mehreren Stellen Haus an Haus, Fleischer, Milchladen – großartig Milchbüro genannt –, daneben Zigarrenverkäufer, Bartscherer. Auffallend ist die Menge der kleinen Kneipen. [...] An mehreren Stellen befinden sich Trinkstätten Haus an Haus, einmal zwei in demselben Gebäude, rechts und links vom Torweg.

Die Menge der Kinder ist eine ungeheure. Auf dem Bürgersteig sitzen und rutschen die ganz kleinen umher, sodass man sich hüten muss, nicht auf ein Händchen oder Füßchen zu treten. Auf dem Fahrdamm wird von den Jungen Ball gespielt, der überhaupt das beliebteste Spielzeug hier bildet. Auf den Randsteinen des Bürgersteigs sitzen die Mädchen von fünf bis acht Jahren und spielen Schule; andernorts tun Knaben dasselbe. Der Unterschied besteht darin, dass der Darsteller des männlichen Lehrers sein Hauptvergnügen im Hauen findet und der Unterricht sich zuletzt stets in eine allgemeine, fröhliche Rauferei verwandelt. Wirkliche Rohheiten habe ich indes noch nie beobachtet. [...] Aufgefallen ist mir, wie wenig die Knaben Soldaten spielen. [...]

Die Hitze des Tages ist allmählich gewichen, Fenster und Ladentüren öffnen sich, die zumeist mit Efeu oder wildem Wein bezogenen Balkone sind von luftgierigen Menschen besetzt. Vor den Haustüren stehen plaudernde Männer und Frauen, manche sitzen auf Stühlen in den Türnischen oder selbst auf den Bürgersteigen und stricken oder flicken. Das sind vor allem Bewohner der Hinterhäuser. Gegen 9 Uhr verschwinden die Kinder, um etwa 10 haben sich auch fast alle Erwachsenen zurückgezogen. Kaum dass noch hier und dort ein Fenster beleuchtet aus dem Dämmern aufzuckt und hier und da ein Wagen oder der Schritt eines Fußgängers die Stille unterbricht. Offen sind nur mehr die Kneipen, aber auch aus ihnen tönt selten wüster Lärm. [...] Man könnte glauben, sich in irgendeinem kleinen Städtchen zu befinden; nichts verrät die Weltstadt. Nur aus einem verhüllten Laden fällt ein schmaler Lichtstreif auf die Straße, der selten vor Mitternacht erlischt. Es ist eine Plättanstalt. Dort arbeiten die angestellten Mädchen von 7 1/2 morgens bis 11, 12 Uhr nachts, mit Abrechnung der Pausen mindestens dreizehn Stunden.

Der Kunsthistoriker und Schriftsteller Otto Leixner von Grünberg über eine Moabiter Straße in den 1880er-Jahren

Landhaussiedlungen: Alsen (Wannsee, 1864), Groß Lichterfelde (1865), Westend (1866), Friedenau (1871) und Grunewald (1889). Schließlich wandelte sich der ganze Südwesten des heutigen Stadtgebiets zu einem aufgelockerten Wohngebiet für die Ober- und gehobene Mittelschicht. Auch im Norden schlug man Kolonien wie Waidmannslust, Konradshöhe, Tegelort und ab 1905 Frohnau in die märkischen Wälder, im Südosten

Das Warenhaus Tietz in der Leipziger Straße, Berlins wohl prächtigster Konsumtempel, um 1900

Das Kaufhaus des Westens

Das Kaufhaus des Westens, unten ein Bild aus dem Jahr der Einweihung 1907, ist das einzige der bedeutenden Berliner Kaufhäuser, das die Zerstörungen des Zweiten Weltkriegs überstanden hat und noch heute als Kaufhaus existiert. Nach Umbauten und Erweiterungen ist das „KaDeWe" heute mit 60.000 Quadratmetern Verkaufsfläche (und 380.000 Artikeln) eines der größten Warenhäuser weltweit.

Mitten im aufblühenden „Neuen Westen" Berlins, den 1902 eröffneten U-Bahnhof Wittenbergplatz direkt vor der Tür, erwies sich der Standort, den Adolf Jandorf für seine sechste und größte Berliner Kaufhaus-Filiale wählte, als ideal. Der von Emil Schaudt entworfene Bau mit seinen 24.000 Quadratmetern Verkaufsfläche auf fünf Etagen vereinigte zahlreiche kleine Fachgeschäfte hinter einer für die Berliner Kaufhäuser untypisch geschlossenen Fassade: Sie sollte nicht zu sehr aus der Wohnbebauung der Umgebung herausstechen – „der Tauentzien" entwickelte sich erst wenig später zur Einkaufsstraße.

Obwohl man auf den sonst üblichen Lichthof verzichtete, wirkte das Interieur luxuriös. Es gab einen Teesalon, einen Friseursalon und 20 Aufzüge. 1929/30 wurde das Haus um zwei Geschosse aufgestockt und mit einer Dachterrasse (mit Liegestühlen) versehen. 1943 brannte das Haus nach dem Absturz eines amerikanischen Kampffliegers aus und konnte erst 1950 wiedereröffnen.

Seit 1927 gehörte das KaDeWe zum Warenhauskonzern Hermann Tietz. Im Dritten Reich wurde es „arisiert", nach dem Zweiten Weltkrieg kam es zurück zum Hertie-Konzern, war dann Flaggschiff des Karstadt-Konzerns und gehört heute der thailändischen Central Group. Mit seiner Mischung aus Luxuswaren und „gehobenen Angeboten" wird das KaDeWe täglich von 40.000 bis 50.000 Menschen besucht. Eine beliebte Touristenattraktion ist Europas größte Feinkostabteilung in der sechsten Etage, in der 500 der insgesamt 2.000 KaDeWe-Mitarbeiter tätig sind – darunter 110 Köche und 40 Konditoren.

entstand ab 1893 die Gartenstadt Karlshorst. Einen Sonderfall stellt die Gartenstadt Staaken dar, die zwischen 1914 und 1917 für Arbeiter der Spandauer Rüstungsindustrie gebaut wurde.

Die Berliner Innenstadt wandelte sich in der zweiten Hälfte des 19. Jahrhunderts zur „City" – einem Ort der Repräsentation und der Kultur, des Einkaufens und der Büroarbeit. Zu Symbolen der Berliner Wirtschaftskraft wurden die großen Kaufhäuser wie Hermann Tietz am Alexanderplatz und in der Leipziger Straße, Wertheim am Leipziger Platz oder das KaDeWe (A. Jandorf & Co.) am Wittenbergplatz, um nur die wichtigsten Filialen der großen Ketten zu nennen. Spezialgeschäfte wie Sarotti (Schokolade), Salamander und Leiser (Schuhe), Leineweber oder Peek & Cloppenburg (Bekleidung) wurden überregional bekannt.

Wirtschaft und Infrastruktur

Seit Ende der 1850er-Jahre herrschte in Deutschland eine stabile Hochkonjunktur, die sich in der kurzen „Gründerzeit" ab 1871 extrem aufheizte. Die von den Franzosen überraschend schnell gezahlten Kriegsentschädigungen von vier Milliarden Mark (so hieß nun die neue Währung) sorgten für hektische Firmengründungen auf Aktienbasis und eine Spekulationsblase, die im Börsenkrach von 1873 zerplatzte. Es folgten fast 20 Jahre eines nur ganz allmählichen Wirtschaftswachstums mit zeitweiligen Rezessionen, bis in den 1890er-Jahren die Konjunktur wieder stark anzog.

Berlins Industrielandschaft wurde dominiert von der Textil- und Bekleidungsindustrie, der Metallverarbeitung, dem Maschinenbau, der Elektroindustrie und der chemischen Industrie. Vor allem drei Großkonzerne

> Die Verrücktheit zeigte sich vor allem darin, dass jeder mehr oder weniger glaubte, er habe die Milliarden oder doch wenigstens einen erheblichen Teil davon zu bekommen, und das Fieber grassierte am bösartigsten in Berlin. Die Aktiengesellschaften schossen wie Pilze aus der Erde. [...] Wild stürzten die Wogen der wahnsinnigsten Spekulation herein. Alle Preise stiegen sprungweise, am meisten aber die Grundstückspreise.
> *Sebastian Hensel, 1872–73 Direktor der Berliner Markthallengesellschaft, im Rückblick auf die Gründerjahre*

Bau des U-Bahn-Tunnels unter der Spree 1910. Der Turm des Stadthauses links befindet sich noch im Bau

konnten sich aus der Masse der kleinen und mittleren Unternehmen abheben: der Maschinenbauer Borsig, die 1847 gegründete Elektrofirma Siemens & Halske und die AEG (Allgemeine Elektrizitätsgesellschaft), die Emil Rathenau 1882 gegründet hatte.

Mit dem Aufstieg dieser und weiterer Firmen ging der Ausbau Berlins als Finanzplatz einher. Neben die alten Bankhäuser wie Bleichröder und Mendelssohn traten neue, in der Gründerzeit emporgeschossene Banken wie die Deutsche Bank und die Dresdner Bank. Berlin wurde eines der führenden Finanzzentren der Welt, eine Position, die die Stadt jedoch nach dem Ersten Weltkrieg wieder verlor.

Ihre Leistungsfähigkeit demonstrierte die Berliner Wirtschaft auf zwei großen Gewerbeausstellungen: 1879 in Moabit und 1896 im Treptower Park. Zu einer Weltausstellung, wie es sie in Europa bereits in London, Paris, Wien und Brüssel gegeben hatte, kam es in Berlin trotz wiederholter Initiativen nicht.

Die Berliner Fabrikanlagen wanderten weiter an die Peripherie, nach Spandau, Siemensstadt, Tegel, Schöneweide, Adlershof, in die Industrieareale längs des Teltowkanals und in viele kleinere Gewerbegebiete am

AEG

Emil Rathenau (1838–1915) stammte aus wohlhabendem Hause, lernte Ingenieur bei Borsig, kaufte in den 60er-Jahren eine Eisengießerei und sicherte sich 1883 die Patente an Thomas Alva Edisons Glühlampen für Deutschland. Er gründete 1882 die „Versuchsgesellschaft für elektrisches Glühlicht", die ab 1883 „Deutsche Edison-Gesellschaft", ab 1887 „Allgemeine Elektrizitätsgesellschaft" (AEG) hieß. Mit der Elektrifizierung Deutschlands wuchs das Unternehmen rasant. Ab 1887 produzierte man in Wedding an der Brunnenstraße, bis zum Ersten Weltkrieg gehörten zahlreiche Werke in und um Berlin zur AEG, die sich zu einem riesigen Konzern entwickelte: Die AEG fertigte u.a. Elektromotoren, Lampen, Sicherungen, Regler, Messgeräte, Kabel, Gummi, Glühbirnen, Turbinen, Haartrockner („Heißluftdusche" hieß diese Berliner AEG-Erfindung von 1899 ursprünglich, ein Berliner Konkurrenzprodukt erhielt den Namen „Fön", abgeleitet vom Föhn-Wind; später kaufte AEG die Marke), Automobile (in der Neuen Automobilgesellschaft (NAG) in Oberschöneweide), Telegraphenapparate (im Joint-Venture mit Siemens namens Telefunken), Triebwagen (ein AEG-Triebwagen stellte 1903 auf der Strecke Berlin-Jüterbog mit 210 km/h den Geschwindigkeitsweltrekord auf – und hielt ihn bis 1931), Flugzeuge (in Hennigsdorf), Lokomotiven und Haushaltsgeräte. Und mit dem Magnetophon K1 stellte die Firma auf der Berliner Funkausstellung 1935 das erste Tonbandgerät der Welt vor. Nach dem Zweiten Weltkrieg wurde die Hauptverwaltung nach Hamburg, später nach Frankfurt/Main verlegt, in den 70er-Jahren geriet der Konzern in die Krise, 1982 musste er Vergleich anmelden, 1985 wurde er von Daimler-Benz übernommen. 1986 beschloss die Hauptversammlung der Daimler-Benz AG, die verlustträchtige Tochtergesellschaft aufzulösen. Unten ein Blick in eine Werkshalle der AEG 1903

Berliner Gastlichkeit um 1900

Zugleich mit den großen Hotels kamen auch die glänzenden Wiener Cafés auf, die vor allen anderen Lokalen so recht den Sammelpunkt der Fremden bilden. Café Bauer machte hier den Anfang und ist, obwohl es in jedem, selbst dem entferntesten Stadtteil Nachahmungen gefunden hat, trotz aller Konkurrenz doch das erste und besuchteste geblieben. [...] Die Wiener Cafés mit ihren luftigen weiten Räumlichkeiten und ihrer ausgesuchten Eleganz, mit ihren plätschernden Springbrunnen und kunstvollen Kronleuchtern, mit ihrem Heer dienstbarer Ganymeds und ihrem unterhaltsamen ununterbrochenen Verkehr haben die alten Berliner Konditoreien fast gänzlich verdrängt. [...] Ähnlich ist es den „ersten" Berliner Restaurants ergangen. [...] An die Stelle der bescheidenen Bierlokale traten die anspruchsvollen Bierpaläste, für viele Hunderttausende Mark erbaut und in untrüglichstem Renaissance- oder Rokoko- oder sonst einem Stil innen ausgestattet, mit schwerster Holztäfelung, mit schöngeschnitztem Meublement, mit elektrischer Beleuchtung und Wand- und Deckenmalereien der modernsten Meister. [...] Stets neue durstige Scharen strömen durch die weitgeöffneten Tore herein, Greise und Kinder, Männlein und Weiblein, denn auch letztere verstehen jetzt, was früher so streng verpönt war, den Humpen tüchtig zu schwingen.
Der zeitgenössische Chronist Paul Lindenberg 1888

Stadtrand. Damit setzte auch der Pendlerverkehr ein. Als die Artilleriewerkstätten nach Spandau verlegt wurden, einigten sich das Ministerium und die Eisenbahngesellschaft auf Extrazüge, die morgens und abends zu Billigtarifen die Arbeiter beförderten.

Noch in den 1850er-Jahren kamen drei Viertel aller Waren auf dem Wasserweg nach Berlin, nach dem Ausbau des Bahnnetzes bis in die 1880er-Jahre hielten sich Wasser- und Bahntransport etwa die Waage.

Neben die kleineren Häfen wie den Schöneberger und den Urbanhafen am Landwehrkanal oder den Nordhafen im Wedding trat als zentraler Umschlagplatz der 1907–13 angelegte Osthafen, dessen Gegenstück, der Westhafen, erst nach dem Ersten Weltkrieg gebaut werden konnte. Um den Frachtschiffen die Durchfahrt durch die Berliner Innenstadt zu ersparen, entstand 1900–06 zwischen Oberspree (Grünau) und Havel (Griebnitzsee/Wannsee) der 37 Kilometer lange Teltowkanal, an dessen Ufern sich viele Industriebetriebe ansiedelten.

Eine Pionierrolle spielte Berlin im Bereich der Stromversorgung. 1884 wurden die Städtischen Elektrizitäts-Werke gegründet, 1885 ging das erste Kraftwerk in der Markgrafenstraße am Gendarmenmarkt ans Netz, und 1879 wurden die Friedrichstraße und die „Linden" als erste deutsche Straßen elektrisch beleuchtet. Im selben Jahr präsentierte Werner Siemens die erste elektrische Lokomotive der Welt, zwei Jahre später führte er in Lichterfelde die weltweit erste elektrische Straßenbahn vor. Zwischen 1896 und 1902 wurden sämtliche Pferdestraßenbahnen auf elektrischen Betrieb umgestellt; 1914 verkehrten in Groß-Berlin über 130 Straßenbahnlinien.

Schon 1880 hatte Siemens der Stadt den Bau einer elektrischen Hochbahn in der Friedrichstraße vorgeschlagen. Doch es dauerte bis 1902, ehe die erste Berliner Hoch- und U-Bahn von der Warschauer Brücke zum

Die erste elektrische Straßenbahn der Welt fuhr 1897 in Lichterfelde

Zoologischen Garten die Fahrt aufnahm. Bis zum Kriegsausbruch 1914 wuchs das Netz auf sechs Linien von insgesamt 38 Kilometern Länge. Die Stadt überließ die Planungen weitgehend der „Hochbahngesellschaft", einem Joint-Venture von Siemens & Halske und der Deutschen Bank. Sie war mit einigen Terraingesellschaften verbandelt, und diese wünschten sich für ihre Bauvorhaben natürlich eine gute Verkehrsanbindung. So erklärt sich, dass die ersten Berliner U-Bahn-Linien weitgehend

Otto Lilienthal

Der Berliner Ingenieur Otto Lilienthal war der erste Mensch der Welt, dem erfolgreich systematische Flugversuche mit einem Gerät schwerer als Luft (die Ballonfahrt gab es schon viel früher) gelangen. 1848 in Anklam geboren, versuchte Lilienthal nach seinem Studium an der Gewerbeakademie in Berlin, gemeinsam mit seinem Bruder Gustav ein Unternehmen aufzubauen. Es dauerte über zehn Jahre (und mehrere Patente), ehe ein Rohrkesselpatent den Durchbruch brachte. Die Maschinenfabrik Otto Lilienthal wuchs rasch zu einer Stärke von 60 Mitarbeitern heran, die der sozial denkende Firmenchef auch am Gewinn beteiligte. Mit dem „Normalsegelapparat", der 1894 in Serie ging, wurde die Firma sogar zur ersten Flugzeugfabrik der Welt.

1889 veröffentlichte Lilienthal eine bahnbrechende Theorie der „Fliegekunst", ab 1891 unternahm er zahllose Gleitflüge mit seinen selbstgefertigten Flugapparaten, „sensationelle" Fotos seiner Flüge gingen um die ganze Welt. In Lichterfelde ließ er einen 15 Meter hohen „Fliegeberg" aufschütten (auf dem heute ein Denkmal an ihn erinnert). In den Rhinower Bergen bei Stölln nordwestlich von Berlin stürzte Lilienthal bei einem Flug 1896 tödlich ab. Seit 1988 trug der inzwischen geschlossene Flughafen Tegel den Namen „Otto Lilienthal".

Otto Lilienthal fliegt, 1895

Die Fräuleins vom Amt beim Stecken der Telefonverbindungen, 1906

am eigentlichen Bedarf vorbei gebaut wurden. Mehrere Linien dienten der Erschließung der noblen Vororte: Die Charlottenburger U-Bahn führte nicht ins Zentrum am heutigen Richard-Wagner-Platz, sondern ins Westend; die Schöneberger U-Bahn verkehrte nicht längs der Hauptstraße, sondern erschloss das noble Bayerische Viertel (U4). Und auch Grunewald sollte eine U-Bahn-Anbindung erhalten, doch kam die Strecke unter dem Kurfürstendamm wegen des Ersten Weltkriegs nicht über die Uhlandstraße hinaus. Erst auf Betreiben der Stadt entstanden ab 1912 die beiden Nord-Süd-Bahnen zwischen Wedding und Halleschem Tor (U6) bzw. Gesundbrunnen und Neukölln (U8).

1892 wurde das erste private Automobil in Berlin zugelassen, 1899 nahm die erste „Kraftdroschke" (Taxi) den Betrieb auf, und 1913–21 entstand die erste nur für Autos reservierte Straße der Welt, die AVUS (Automobil-, Verkehrs- und Übungsstraße) durch den Grunewald.

Auch auf dem Gebiet der Luftfahrt war Berlin führend: 1891 flog Otto Lilienthal in Lichterfelde als erster Mensch mit einem selbst konstruierten Gerät, das schwerer war als Luft, und bei Johannisthal entstand 1909 der erste Motorflugplatz Deutschlands. Im selben Jahr landete Ferdinand Graf Zeppelin erstmals mit seinem Luftschiff in Berlin – auf dem Tempelhofer Feld, auf dem 30 Jahre später der größte Flughafen Europas entstand.

Das politische Berlin

Berlin rückte als Hauptstadt eines Bundesstaates von über 40 Millionen Einwohnern nun in den Blickpunkt der politischen Welt, zumal das Deutsche Reich in den 1880er-Jahren als Kolonialmacht ebenfalls einen „Platz an der Sonne" einnahm. Die Stadt wurde Tagungsort weltpolitischer Kongresse und Verhandlungsort internationaler Bündnisse. Im Reichstag wurden die großen Redeschlachten um Bismarcks Kulturkampf gegen die katholische Kirche, gegen die Sozialdemokraten und für die Sozialgesetze geschlagen.

Vor allem das Dreikaiserjahr 1888 bildete eine bedeutende Zäsur:

Der „Reichsgründer" Bismarck als Denkmal vor dem Reichstag um 1900

Bedeutende Geister als Politiker

Für uns mutet es heute erstaunlich an, wie viele bedeutende Persönlichkeiten aus anderen Feldern sich in der zweiten Hälfte des 19. Jahrhunderts aktiv am politischen Geschehen beteiligten. Der Mediziner Rudolf Virchow (1821–1902) gehörte 1861 zu den Gründern der Deutschen Fortschrittspartei, war Mitglied der Berliner Stadtverordnetenversammlung und im Preußischen Abgeordnetenhaus ein wortgewaltiger Gegner Bismarcks. Auch der Althistoriker Theodor Mommsen (1817–1903), der 1902 den Nobelpreis für Literatur erhielt, war in den 70er- und 80er-Jahren für neun bzw. drei Jahre ein streitbares Mitglied des Preußischen Abgeordnetenhauses und des Reichstags. Sein wichtigster konservativer Gegenspieler im „Antisemitismusstreit" im Reichstag 1879–81 war der prominente Historiker Heinrich von Treitschke (1834–96), 13 Jahre lang Mitglied des Reichstags. Der Großindustrielle Werner Siemens vertrat in den 1860er-Jahren die Liberalen im Preußischen Abgeordnetenhaus, AEG-Präsident Walther Rathenau brachte es 1922 sogar bis zum Reichsaußenminister.

Friedrich III. überlebte seinen mit 91 Jahren gestorbenen Vater, Wilhelm I., nur um 99 Tage, ehe er, schwer krank, mit 56 Jahren starb. Der erst 29-jährige Wilhelm II. schlug bald andere Töne an, entließ 1890 Bismarck und erkämpfte dem Deutschen Reich mit selbstbewussten Reden und hochgerüsteter Armee eine Vormachtstellung in Europa und der Welt, die den Ersten Weltkrieg jedoch nicht überstehen sollte.

Während die Reichs- und die preußische Politik fest in den Händen der Konservativen lag, war und blieb Berlin oppositionell gestimmt. Die Stadtverordnetenversammlung wurde von den Linksliberalen dominiert, deren Partei immer mal wieder ihren Namen änderte (Deutsche Fortschrittspartei, Deutsch-Freisinnige Partei, Freisinnige Vereinigung/Volkspartei, Fortschrittliche Volkspartei). Die meisten Stimmen in Berlin erhielten zwar seit den 1870er-Jahren die Sozialisten/Sozialdemokraten (seit 1875 Sozialistische Arbeiterpartei, seit 1890 Sozialdemokratische Partei Deutschlands – SPD), eine Mehrheit unter den Abgeordneten blieb ihnen jedoch aufgrund des Dreiklassenwahlrechts auf Stadt- und Landesebene versagt.

Im Reichstag hielt man den Einfluss der Sozialdemokraten durch einen Verfahrenstrick klein: Die im Jahre 1867 eingeteilten Wahlkreise blieben trotz des enormen Bevölkerungswachstums bis 1918 unverändert. 1912 umfasste der kleinste Berliner Wahlbezirk 13.000, der größte 220.000 Wähler. Und natürlich war der kleinste auch der einzige der sechs Berliner Bezirke, der nicht einen Sozialdemokraten in den Reichstag entsandte.

Der Hauptmann von Köpenick

Das Klima der Zeit veranschaulicht die berühmt gewordene Geschichte vom „Hauptmann von Köpenick". Am 16. Oktober 1906 nahm der Schuster Wilhelm Voigt, in eine alte Hauptmannsuniform gekleidet, zehn Gardisten auf einer Straße in Wedding unter sein Kommando und fuhr mit ihnen per S-Bahn nach Köpenick ins Rathaus, wo er den Bürgermeister verhaften ließ, die Stadtkasse beschlagnahmte und sich mit 4.000 Mark aus dem Staub machte, während die Soldaten auf seinen Befehl hin den armen Bürgermeister in die Neue Wache Unter den Linden abtransportierten. Voigt wurde bald gefasst, konnte seinen Ruhm aber später versilbern. Carl Zuckmayer machte aus dem Stoff ein sehr erfolgreiches Theaterstück (uraufgeführt 1931 am Deutschen Theater mit Werner Krauss in der Titelrolle), das wiederum die Vorlage zu erfolgreichen Verfilmungen, etwa mit Heinz Rühmann (1956) und Harald Juhnke (1997), gab.

Kaiser Wilhelm II. 1902

Nach dem 1878 von Bismarck durch den Reichstag gebrachten „Gesetz gegen die gemeingefährlichen Bestrebungen der Sozialdemokratie" durften die Sozialdemokraten zwar nicht mehr als Partei in der Öffentlichkeit erscheinen – aufgrund des Persönlichkeitswahlrechts durften sie aber nach wie vor kandidieren, sodass sie weiterhin in den Parlamenten vertreten waren. Auch Bismarcks Sozialgesetzgebung der 1880er-Jahre, die vielen Menschen erstmals Kranken- und Unfallversicherung, Invaliditäts- und Altersversicherung brachte, konnte die Anziehungskraft der Sozialdemokraten nicht schmälern. 1890 als Partei wieder zugelassen, stellte die SPD seit 1893 fünf der sechs Berliner Reichstagsabgeordneten, 1912 erhielt sie 75 Prozent aller Berliner Wählerstimmen.

Glücklicherweise nur eine Episode blieb das Wirken des kaiserlichen Hofpredigers Adolf Stöcker, der 1878 als Gründer der „Christlich-Sozialen Arbeiterpartei" in die Politik ging und seinem kirchlich-konservativen Programm immer schärfere antisemitische Töne beimischte. Das brachte ihm in den 1880er-Jahren beträchtlichen Erfolg in der Berliner Wählerschaft (1884 über 30 Prozent), wenn ihm auch ein Reichstagsmandat in Berlin verwehrt blieb. Weite Kreise zog zwischen 1879 und 1881 der „Berliner Antisemitismusstreit", in dem sich zwei renommierte Historiker, der konservative Heinrich von Treitschke („Die Juden sind unser Unglück") und der liberale Theodor Mommsen, gegenüberstanden. Die Religionsstatistik wies 1910 rund 90.000 Berliner jüdischen Glaubens aus – das waren 4,3 Prozent der Bevölkerung.

Kunst und Wissenschaft

Berlin entwickelte sich zum führenden Forschungsstandort im Deutschen Reich. Neben die Universität traten weitere bedeutende Einrichtungen wie die Physikalisch-Technische Reichsanstalt, 1887 auf einem von Werner Siemens gestifteten Gelände in Charlottenburg gegründet, und die Institute der Kaiser-Wilhelm-Gesellschaft (seit 1948 Max-Planck-Gesellschaft), die seit 1911 auf dem Gelände der aufgelassenen Domäne Dahlem entstanden. Dort sollten auch einige Institute der aus allen Nähten platzenden Universität (1914: 10.000 Studenten) angesiedelt werden, doch dazu kam es wegen des Ersten Weltkriegs nicht mehr. Eine völlige Neuerung im deutschen Bildungssystem bedeutete die Ausstattung der Technischen Hochschule an der Charlottenburger Chaussee (heute Straße des 17. Juni) mit einer inneren Selbstverwaltung und dem Promotionsrecht, wodurch sie den Universitäten gleichgestellt wurde.

Auf dem Gebiet der Künste eroberte sich Berlin erst allmählich seine führende Position. Die aus heutiger Sicht wichtigen Künstler und Strömungen behaupteten sich mit wenigen Ausnahmen gegen den herr-

Der Kaiser besichtigt das „Panzerautomobil" auf der 7. Internationalen Automobilausstellung in Berlin, 1905

schenden Zeitgeschmack und die Förderung des kunstliebenden Kaisers Wilhelm II. Der Nachruhm etwa des Dramatikers Ernst von Wildenbruch, des Malers Anton von Werner oder des Bildhauers Reinhold Begas verblasste schnell. Die herausragende Gestalt der überwiegend volkstümlich orientierten Berliner Literaturszene war Theodor Fontane, als Theaterkritiker und Romancier der wichtigste Chronist der Berliner

Heinrich Zille

Er hat unser Bild des Berliner „Milljöhs" geprägt wie kein Zweiter: der Zeichner, Maler und Fotograf Heinrich Zille (1858–1929). Zu Lebzeiten waren seine meist humoristischen Zeichnungen, mit denen er das alltägliche Leben der einfachen Leute charakterisierte und liebevoll aufs Korn nahm, enorm populär, heute sind seine Bilder, vielfach mit einer pointierten Unterschrift versehen, das wichtigste Zeugnis des typisch Berliner Mutterwitzes, jener respektlos-frechen Schlagfertigkeit, die leider weitgehend verschwunden ist.

Doch der „Pinselheinrich", gebürtiger Radeburger (Sachsen) und erst mit neun Jahren nach Berlin gekommen, war mehr als ein harmloser Idylliker. Viele seiner Zeichnungen und Ölbilder zeigen unverfälscht Not und Elend der ärmsten Bevölkerungsschichten in der Millionenstadt, die er in seiner Nachbarschaft, dem Charlottenburger Kiez südlich des Schlosses, täglich erlebte. Zudem machten ihn sein virtuoser Strich und seine Fähigkeit, mit wenigen Linien Situationen und Charaktere einzufangen, auch zu einem brillanten Satiriker. Als Fotograf schließlich verstand er sich als Chronist Berlins und seiner Zeit. Nicht zufällig verband ihn eine enge Freundschaft mit Käthe Kollwitz.

Gelernt hatte Heinrich Zille Litograph, 30 Jahre lang arbeitete er als Geselle bei der „Photographischen Gesellschaft", ehe er mit 50 arbeitslos wurde und sich als freier Künstler durchschlagen musste – mit rasch wachsendem Erfolg. Seine Kollegen schätzten Zille als „ernsthaften" Künstler, 1913 wurde er Vorstandsmitglied der Freien Secession, 1924 Professor und Mitglied der Preußischen Akademie der Künste, nachdem die Nationalgalerie zuvor bereits auf einen Schlag 115 seiner Zeichnungen erworben hatte.

Zille gratuliert Max Liebermann zum 80. Geburtstag (Zeichnung von Zille 1927)

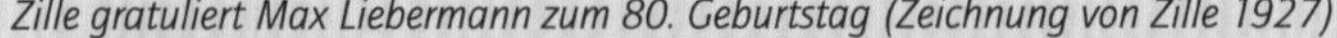

Gesellschaft. Arno Holz und Richard Dehmel, Georg Heym und Else Lasker-Schüler, Christian Morgenstern und der drei Jahre in Berlin wohnende Rainer Maria Rilke gaben der deutschen Lyrik von Berlin aus wichtige Impulse.

Die Stadt wurde zum Zentrum des sozialkritischen, naturalistischen Theaters. Nicht wenige Uraufführungen und deutsche Erstaufführungen von Stücken von Gerhart Hauptmann, der zumindest Teile des Jahres in Berlin oder Erkner verbrachte, Henrik Ibsen oder August Strindberg entwickelten sich zu handfesten Skandalen. Zum führenden Theatermann stieg Max Reinhardt auf, der viele Jahre das Deutsche Theater leitete. 1914 erhielt die ohnehin breitgefächerte Theaterlandschaft durch den Neubau der Volksbühne, die vor allem Arbeitern die Theaterkunst nahebringen wollte, eine weitere wichtige Facette.

Zur Königlichen Oper Unter den Linden, die musikalisch zu den führenden Bühnen gehörte, traten weitere Musiktheater: unter anderem 1896 das Theater des Westens als Operettentheater, 1898 die Krolloper gegenüber dem Reichstag, die ihre Blüte jedoch erst in den 1920er-Jahren unter Otto Klemperer erlebte, 1905 die Komische Oper an der Weidendammer Brücke und 1911 das Deutsche Opernhaus der Stadt Charlottenburg (der Vorläufer der Deutschen Oper an der Bismarckstraße). Enorm erfolgreich waren die Berliner Operetten, deren Geschich-

Der Wissenschaftsstandort Berlin

Die Bedeutung des Wissenschaftsstandorts Berlin dokumentiert die lange Liste der Nobelpreisträger.

Zum Zeitpunkt der Preisverleihung waren in Berlin tätig: die Chemiker Jacobus van't Hoff (1901), Emil Fischer (1902), Eduard Buchner (1907), Fritz Haber (1918), Walter Nernst (1920), Peter Debye (1936), Adolf Butenandt (1939) und Otto Hahn (1944), die Mediziner Robert Koch (1905) und Otto Warburg (1931), die Physiker Max Planck (1918), Albert Einstein (1921), Erwin Schrödinger (1933), Ernst Ruska (1986, damals schon pensioniert) und der Chemiker Gerhard Ertl (2009). Noch in Berlin tätig sind die Leiterin der Max-Planck-Forschungsstelle für die Wissenschaft der Pathogene, Emmanuelle Charpentier, die 2020 den Nobelpreis für Chemie erhielt, und die in Friedenau lebende Schriftstellerin Herta Müller (2009). Andere wie Emil von Behring, Paul Ehrlich oder Gustav Ludwig erhielten den Nobelpreis später für Forschungen, die sie in Berlin unternommen hatten. Max von Laue und Werner Heisenberg kamen dagegen bereits als Nobelpreisträger nach Berlin.

Zur Jury der Secessions-Ausstellung 1908 gehörten u.a. Hans Baluschek, Lovis Corinth, Max Slevogt, Walter Leistikow und Max Liebermann

te mit der Uraufführung von Paul Linckes „Frau Luna" 1899 im Apollo-Theater einsetzt, und die großen Musikrevuen. Weltruf erspielten sich das 1882 gegründete Berliner Philharmonische Orchester unter seinen ersten Chefdirigenten Hans von Bülow und Arthur Nikisch und die Staatskapelle, das Orchester der Hofoper, das von 1898 bis 1918 von Richard Strauss geleitet wurde.

An der 1869 gegründeten Hochschule für Musik und anderen Ausbildungsstätten unterrichteten u.a. Max Bruch, Engelbert Humperdinck, Ferruccio Busoni und Arnold Schönberg, Joseph Joachim, Fritz Kreisler und Arthur Schnabel.

Die Berliner Museumslandschaft entwickelte sich dank bürgerlicher Stiftungen, kluger Erwerbspolitik und unermüdlicher Expeditionsreisen zu einer der interessantesten der Welt. Europäisches und Außereuropäisches, Malerei und Skulptur, Möbel und Münzen fanden auf der Museumsinsel einen Platz, darunter als Highlights der Pergamonaltar und die Büste der ägyptischen Königin Nofretete. Neuerbaut wurden das Kunstgewerbemuseum (heute Gropius-Bau, 1877–81) und das Völkerkundemuseum gleich nebenan (eröffnet 1886, kriegszerstört).

Seit 1895 erschien in Berlin die wichtigste Zeitschrift des Jugendstils, „Pan", doch die neue Kunstrichtung hatte in der Architektur einen

Siemens

Werner Siemens, (erst) 1888 in den Adelsstand erhoben, gründete mit Johann Georg Halske 1847 in einem Hinterhaus in der Askanischen Straße nahe dem Anhalter Bahnhof eine Telegraphenanstalt. 1848 baute die Firma die erste Telegraphenlinie über eine weite Entfernung in Europa: von Berlin nach Frankfurt/Main. 1866 entdeckte Siemens das elektrodynamische Prinzip, was der Firma weitere Geschäftsfelder erschloss: etwa die Elektrifizierung von Eisenbahnstrecken. 1882 präsentierte Siemens auf einer 540 Meter langen Versuchsstrecke in Halensee einen elektrisch angetriebenen Kutschenwagen – den ersten Oberleitungs- oder Trolleybus der Welt, von Werner Siemens selbst „Elektromotte" getauft. In den 1870er-Jahren zog die Firma ans Salzufer in Charlottenburg, 1897 beschloss man die Neuansiedlung auf den recht abseits gelegenen „Nonnenwiesen" nördlich der Spree zwischen Spandau und Charlottenburg.

Auf insgesamt rund zwei Quadratkilometern Firmengelände (in Spandau) wurden in den folgenden Jahrzehnten zahlreiche Fabrikanlagen gebaut, während auf dem angrenzenden Charlottenburger Gebiet Berlins einzige Werkssiedlung entstand: Siemensstadt. Früh war die Firma international tätig: 1863 wurde bereits ein Kabelwerk in England eröffnet, 20 Jahre später ein weiteres in St. Petersburg, 1892 entstand Siemens & Halske Japan. Der Starkstrombereich wurde mit einem Konkurrenten zu den Siemens-Schuckertwerken fusioniert, gemeinsam mit dem größten Konkurrenten AEG bildete man die Firma Telefunken, die Glühlampenproduktion wurde in die Tochtergesellschaft Osram ausgelagert. In den 30er-Jahren baute Siemens Flugzeugmotoren, U-Bahnen (Athen, Buenos Aires), Wasserkraftwerke – und Rüstungsgüter. 1936 gehörten zum Konzern 16 Produktionsstandorte, mit 180.000 Beschäftigten war Siemens & Halske der größte Elektrokonzern der Welt. Nach dem Krieg zog die Konzernzentrale von Siemens & Halske nach München, die der Siemens-Schuckertwerke nach Erlangen. 1966 wurden beide zur Siemens AG verschmolzen.

schweren Stand gegen Historismus und Neoklassizismus. Noch vor 1914 erfolgte die Weichenstellung zum „Neuen Bauen", dessen wichtigstes „Laboratorium" Berlin in den 20er-Jahren werden sollte, etwa durch Peter Behrens' Werkshallen für die AEG (Huttenstraße, Voltastraße) oder die Landhäuser von Hermann Muthesius. Auch an der Revolution in der Malerei hatte Berlin einen gewichtigen Anteil. 1898 formierten über 50 Künstler unter Führung von Walter Leistikow und Max Liebermann die „Secession", um modernere Wege einzuschlagen. Eigene Kunstausstellungen machten jüngere Maler wie Lovis Corinth und Max Slevogt populär. Ein grundsätzliches Aufbrechen der Sehgewohnheiten wagten die Expressionisten der Künstlergruppe „Die Brücke", die 1911 geschlossen von Dresden nach Berlin übersiedelte (Ernst Ludwig Kirchner, Karl Schmidt-Rottluff, Erich Heckel u.a.). Zum wichtigsten Organ der Avantgarde entwickelte sich ab 1910 Herwarth Waldens Zeitschrift „Der Sturm". Und auch in der Geschichte des Films gebührt Berlin ein Ehrenplatz: Am 1. November 1895 präsentierten die Gebrüder Max und Emil Skladanowsky im Wintergarten-Varieté die ersten „laufenden Bilder" der Welt.

Groß-Berlin und Zweckverband

Groß-Berlin war in der zweiten Hälfte des 19. Jahrhunderts über alle Gemeindegrenzen hinweg gewachsen. Die verschiedenen Behörden der Gemeinden und Städte, Kreise und Regierungsbezirke wachten jedoch weiterhin eifersüchtig über ihre Kompetenzen. Das Selbstbewusstsein, aber auch die Finanzkraft der Städte und Gemeinden vor allem im Westen Groß-Berlins dokumentieren noch heute die stattlichen Rathausbauten, die ab 1890 entstanden.

In die Stadtplanung konnten aber auch zahlreiche zentrale Behörden hineinreden: der Polizeipräsident, dessen Amtsbezirk weit über die Stadtgrenzen hinausreichte, die Fachbehörden der preußischen Regierung und der Provinzialverwaltung, die Militärverwaltung und nicht zuletzt der König, der im Endeffekt alle städtebaulichen Beschlüsse bis hin zur Wahl der Straßennamen zu genehmigen hatte. Als Ergebnis des Kompetenzwirrwarrs bestanden 1920 in Groß-Berlin zum Beispiel 17 selbstständige Wasserwerke, 28 Gaswerke und fast 60 eigenständige Kanalisationsbetriebe nebeneinander.

Nach langen Streitigkeiten kam es 1912 zur Bildung des „Zweckverbands Groß-Berlin", der Berlin mit den kreisfreien Städten Charlottenburg, Wilmersdorf, Neukölln, Lichtenberg, Spandau und den beiden Landkreisen Teltow und Niederbarnim (beide Kreisverwaltungen saßen übrigens in Berlin) zu einem losen Verband zusammenschloss. Wegen des Krieges und seiner ineffektiven Struktur konnte der Zweckverband nur wenig bewirken. Ein großes Verdienst ist jedoch der Erhalt der großen Waldgebiete auf dem heutigen Stadtgebiet, die in zähen Verhandlungen mit dem preußischen Fiskus vor weiterer Zersiedelung geschützt werden konnten.

Berliner Luft

Berlin! Hör ich den Namen bloß,
da muss vergnügt ich lachen!
Wie kann man da für wenig Moos
den dicken Wilhelm machen!
Warum lässt man auf märk'schem
Sand gern alle Puppen tanzen?
Warum ist dort das Heimatland
der echt Berliner Pflanzen?

Ja, ja, ja, das ist die Berliner
Luft, Luft, Luft
So mit ihrem holden
Duft, Duft, Duft,
Wo nur selten was verpufft,
-pufft, -pufft
In dem Duft, Duft, Duft dieser
Luft, Luft, Luft

Ich frug ein Kind mit jelbe Schuh:
„Wie alt bist du denn, Kleene?"
Da sagt sie schnippisch: „Du? Nanu,
ick wird schon nächstens zehne!"
Doch fährt nach Britz sie mit Mama'n
da sagt die kleene Hexe
zum Schaffner von der Straßenbahn:
„Ich werd erst nächstens sechse!"

Ja, ja, ja, das ist die Berliner
Luft, Luft, Luft ...

Der richtige Berliner gibt sich
gastfrei und bescheiden.
Drum ist er überall beliebt,
und jeder mag ihn leiden.
Wenn sonst man „Mir kann keener"
sagt, so sagt in jedem Falle,
wenn's dem Berliner nicht behagt,
er sanft: „Mir könn se alle!"

Ja, ja, ja, das ist die Berliner
Luft, Luft, Luft ...

Berlins heimliche Hymne aus der Operette „Frau Luna" von 1904. Text: Heinrich Bolten-Baeckers, Musik: Paul Lincke

Fritz Steppke und seine Reisegesellschaft zu Gast bei Frau Luna und Prinz Sternschnuppe (von der Uraufführung im Apollotheater 1899)

Frisch eingezogene Soldaten erhalten ihren ersten Sold 1914 in Berlin

Der Erste Weltkrieg

In der Rückschau mussten die Rivalität um Kolonien und weltpolitischen Einfluss, der Rüstungswettlauf, die scharfen nationalistischen Töne und die starre Bündnispolitik der europäischen Großmächte fast zwangsläufig zu einem großen Knall führen. Manche Zeitgenossen sehnten einen Krieg als „reinigendes Gewitter" geradezu herbei, ohne zu ahnen, was sie heraufbeschworen. Als der österreichische Thronfolger am 28. Juni 1914 in Sarajewo von nationalistischen Serben ermordet wurde, kam es zu einer Kettenreaktion: Österreich erklärte Serbien am 28. Juli den Krieg, das mit Serbien verbündete Russland und das mit Russland verbündete Frankreich machten gegen das mit Österreich verbündete Deutsche Reich mobil, das Deutsche Reich erklärte Frankreich am 3. August den Krieg und begann den Feldzug aus strategischen Gründen (Reichskanzler Bethmann Hollweg: „Notwehr") durch das neutrale Belgien, woraufhin Großbritannien Deutschland den Krieg erklärte.

Schon am 31. Juli wurde über Berlin der Belagerungszustand verhängt, am 4. August verlas der Kaiser im Weißen Saal des Schlosses vor den Abgeordneten des Reichstags eine Rede, die ihm der Reichskanzler geschrieben hatte: „Ich kenne keine Parteien mehr, sondern nur Deutsche. Zum Zeichen dessen, dass Sie fest entschlossen sind, ohne Parteiunterschiede, ohne Stammesunterschiede, ohne Konfessionsunterschiede durchzuhalten mit mir durch dick und dünn, durch Not und Tod, fordere ich die Vorstände der Parteien auf, vorzutreten und mir das in die Hand zu geloben."

Nicht nur die Menschen auf den Straßen, auch die politischen Parteien waren sich einig wie nie zuvor; politische und soziale Gegensätze waren für den Moment vergessen. Mit Hurra zogen zahllose Freiwillige in den Krieg, dessen schnelles Ende beschlossene Sache schien.

Doch daraus wurde nichts. Nach dem raschen Vormarsch der deutschen Truppen rannten sich die Fronten in den Schlachten an der Marne, bei Verdun und bei Ypern im Herbst 1914 fest – der Krieg im Westen wurde für Jahre zum Stellungskrieg, in dem keiner der beiden Seiten eine entscheidende Bewegung gelang. Und auch im Osten, bei den Kämpfen in Ostpreußen und Galizien, in Zentralpolen und in den Karpaten, brachte der Krieg kein schnelles Ergebnis.

Das machte sich bald auch in Berlin bemerkbar. Kam bereits nach wenigen Wochen das kulturelle Leben zum Erliegen, als Museen, Theater und Konzerthäuser geschlossen wurden, so verschlechterte sich mit

Die Hohenzollern liebten es prächtig. Postkarte von 1909

Schlange vor einem Buttergeschäft 1917 in Berlin

zunehmender Kriegsdauer die Versorgungslage. Rohstoffe konnten nicht mehr importiert, Waren nicht mehr exportiert werden. Die Industrie stellte auf die Fertigung kriegswichtiger Produkte um, und da viele Männer im Krieg waren, arbeiteten dort nun auch zahlreiche Frauen. Die Kriegswirtschaft wurde in vielen Bereichen zentral gelenkt, was die Stellung Berlins als wichtigste deutsche Industriestadt im Endeffekt noch stärkte.

Alles hing jetzt vom Ertrag der deutschen Ernten ab, und die Missernte 1916 führte dann auch zum berüchtigten „Kohlrübenwinter". Zudem fanden viele Bauern Mittel und Wege, ihre Produkte nicht in die Stadt liefern zu müssen. Seit Februar 1915 gab es Brot nur noch gegen Brotkarten, später wurden weitere Lebensmittel wie Zucker, Butter, Eier, Fleisch, Kartoffeln, Seife und Kohlen rationiert. Honig und Marmelade wurden durch Kunstprodukte ersetzt, Kaffee durch Kaffee-Ersatz, und Kuchen gab es nur noch selten. Seit 1916 organisierte die Stadt Berlin auf den Straßen Volksspeisungen.

Es wurde immer deutlicher, dass die führenden Kräfte in Staat und Regierung den Schulterschluss der Linken nicht honorieren würden – der „Geist von 1914" war schon bald nur noch wehmütige Erinnerung. Die Forderungen nach politischer Gleichberechtigung wurden weiterhin abgeschmettert, und dass der SPD-Reichstagsabgeordnete Karl Liebknecht, der schon 1914 als einer der wenigen den „Burgfrieden" nicht mitgetragen hatte, im Mai 1916 verhaftet und ins Zuchthaus gesperrt wurde, heizte die Stimmung zusätzlich an. Im April 1917 löste sich die Unabhängige Sozialdemokratische Partei Deutschlands (USPD) aus der SPD, als „revolutionärer" Kern formierte sich der „Spartakusbund" unter Führung von Karl Liebknecht und Rosa Luxemburg. Durch die ausbleibenden Kriegserfolge, die Hinhalteparolen von Regierung und Militärführung und durch die schlechte Versorgungslage radikalisierte sich die Stimmung im Volk. Im April 1917 kam es zu ersten großen Streiks, weitere folgten. Im Juli 1917, drei Monate nach dem Kriegseintritt der USA, der einen deutschen Sieg vollends zur Illusion werden ließ, forderten SPD, Liberale und Zentrum in einer gemeinsamen

Arbeiter und Soldaten!

Furchtbar waren die vier Kriegsjahre. Grauenhaft waren die Opfer, die das Volk an Gut und Blut hat bringen müssen. Der unglückselige Krieg ist zu Ende. Das Morden ist vorbei. Die Folgen des Krieges, Not und Elend, werden noch viele Jahre lang auf uns lasten. [...]

Die Feinde des werktätigen Volkes, die wirklichen inneren Feinde, die Deutschlands Zusammenbruch verschuldet haben, sind still und unsichtbar geworden. Das waren die Daheimkrieger, die ihre Eroberungsforderungen bis zum gestrigen Tage ebenso aufrechterhielten, wie sie den verbissensten Kampf gegen jede Reform der Verfassung und besonders des schändlichen preußischen Wahlsystems geführt haben. Diese Volksfeinde sind hoffentlich für immer erledigt. Der Kaiser hat abgedankt. Er und seine Freunde sind verschwunden. Über sie alle hat das Volk auf der ganzen Linie gesiegt.

Der Prinz Max von Baden hat sein Reichskanzleramt dem Abgeordneten Ebert übergeben. Unser Freund wird eine Arbeiterregierung bilden, der alle sozialistischen Parteien angehören werden. Die neue Regierung darf nicht gestört werden in ihrer Arbeit für den Frieden und der Sorge um Arbeit und Brot. Arbeiter und Soldaten! Seid euch der geschichtlichen Bedeutung dieses Tages bewusst! Unerhörtes ist geschehen. Große und unübersehbare Arbeit steht uns bevor.

Alles für das Volk, alles durch das Volk! Nichts darf geschehen, was der Arbeiterbewegung zur Unehre gereicht. Seid einig, treu und pflichtbewusst. Das Alte und Morsche, die Monarchie ist zusammengebrochen. Es lebe das Neue! Es lebe die Deutsche Republik!

Philipp Scheidemann (seinen eigenen Erinnerungen zufolge) am 9. November 1918 vom Balkon des Reichstages aus

„Friedensresolution" die militärische Führung um Hindenburg und Ludendorff zu einem Verständigungsfrieden auf. Doch die Militärs ließen weiter kämpfen.

Erst im Herbst 1918 setzte die Führung wieder auf eine Beteiligung aller Kräfte. Am 3. Oktober wurde Prinz Max von Baden zum Reichskanzler einer Regierung ernannt, die ein breites politisches Spektrum vertrat und erstmals die SPD einband. Die neue Regierung bot dem amerikanischen Präsidenten Wilson einen Waffenstillstand an. Als jedoch klar wurde, dass die Amerikaner eine widerspruchslose Annahme ihrer Bedingungen erwarteten, die die Abdankung Kaiser Wilhelms einschlossen, forderte die Oberste Heeresleitung erneut die Weiterführung des Krieges. Doch dazu kam es nicht mehr. Um nicht mehr zu sinnlosen Schlachten auslaufen zu müssen, begannen Matrosen der deutschen Kriegsflotte am 28. Oktober eine Meuterei, die Anfang November von Kiel aus auf ganz Deutschland übergriff. In vielen Städten wurden „Arbeiter- und Soldatenräte" gebildet, am 7. November floh der bayerische König aus München, einen Tag später wurde der „Freistaat" (das deutsche Wort für „Republik") Bayern ausgerufen.

Am 9. November verkündete der Reichskanzler: „Der Kaiser und König hat sich entschlossen, dem Throne zu entsagen", und übergab sein eigenes Amt dem SPD-Vorsitzenden Friedrich Ebert. Dem sich sträubenden Wilhelm II. blieb nichts anderes übrig, als sich vom Hauptquartier im belgischen Spa direkt ins Exil in die Niederlande zu begeben, wo er erst drei Wochen später seine Abdankungsurkunde unterschrieb. Er betrat nie wieder deutschen Boden.

Während bewaffnete Arbeiter und Soldaten mit roten Armbinden in großen Demonstrationszügen durch Berlin zogen, Offiziere entwaffneten und Räte bildeten, während vor dem Reichstag Tausende Menschen standen, um zu erfahren, wie es weitergehe, saß drinnen im Speisesaal die SPD-Führung beim bescheidenen Mittagessen, als die Nachricht eintraf, Karl Liebknecht wolle von einem Balkon des Schlosses aus eine Rede halten. Philipp Scheidemann eilte auf einen Balkon des Reichstags und sprach aus dem Stegreif die historischen Worte: „Die Monarchie ist zusammengebrochen. Es lebe das Neue! Es lebe die deutsche Republik!" Wenig später rief Liebknecht vom Balkon über dem Portal IV des Schlosses die „Freie Sozialistische Republik Deutschland" aus.

27 Tegel 27
5938

1918–1933
Berlin in der Weimarer Republik

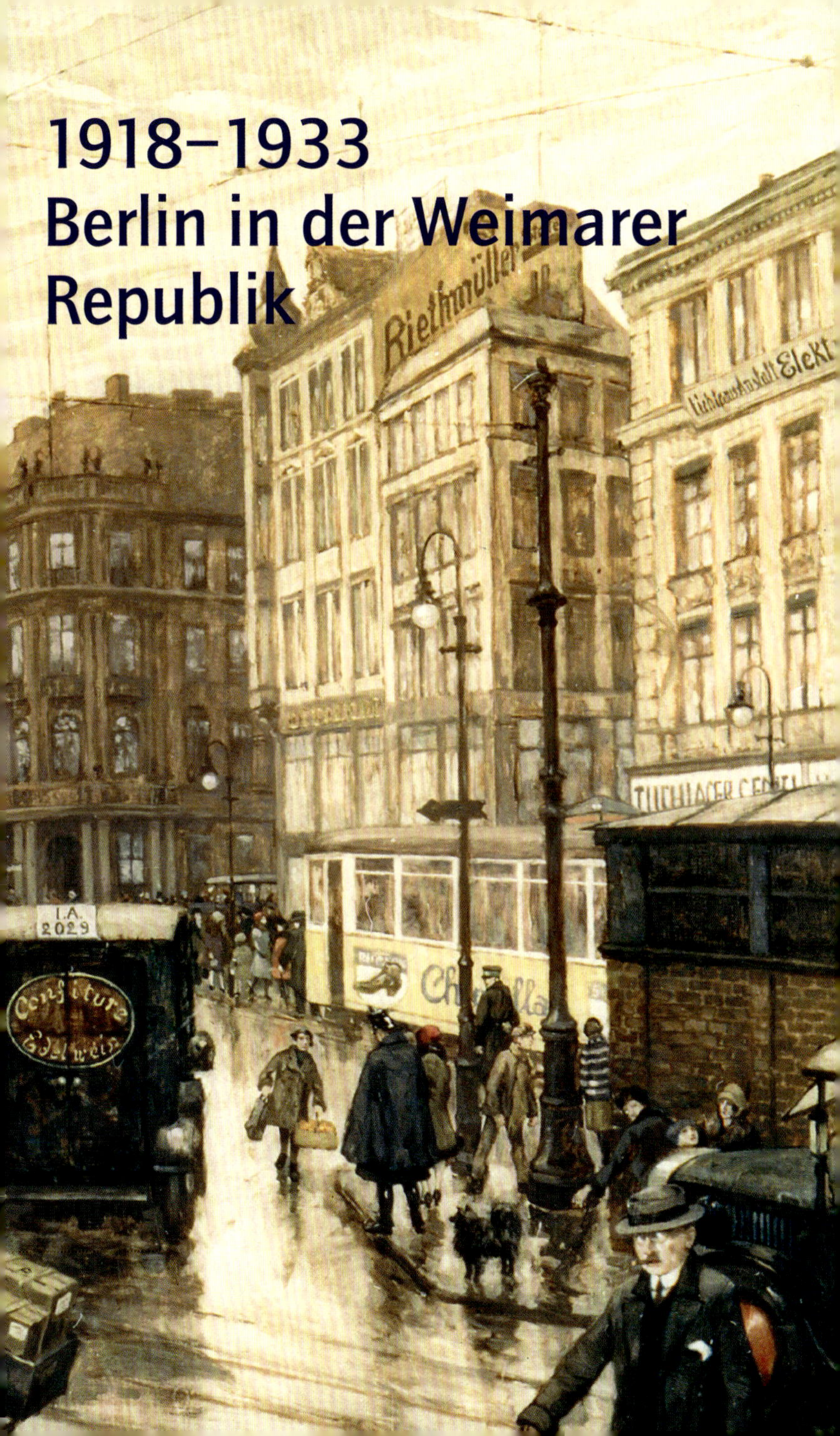

Der Start in die Republik

Die 20er-Jahre brachten Berlin einerseits politische Unsicherheit bis hin zum Chaos, wirtschaftliche Not und eine Radikalisierung der Gesellschaft, bis Mord und Totschlag fast alltäglich waren. Kulturell und auf wissenschaftlich-technischem Gebiet galt Berlin in dieser kurzen Zeit andererseits als die vielleicht interessanteste Stadt der Welt.

Die Startbedingungen waren denkbar schlecht. Der Zusammenbruch der staatlichen Ordnung verhinderte eine geregelte Demobilisierung. Das Heer löste sich auf, die Waffen jedoch blieben in den Händen von Soldaten oder gelangten in die von politischen Aktivisten. Berlin war voller Menschen, die nicht wussten, wie es weitergehen sollte. Zudem blieben viele Soldaten auf dem Weg in ihre Heimat in Berlin. Dennoch hatten die Führungen der beiden linken Parteien, SPD und USPD, die Lage auf der Straße weitgehend im Griff. Entscheidend war, dass das Militär ruhig in den Kasernen blieb – nur wenige Offiziere schossen am 9. November von den Dächern auf die Demonstranten. Auch die Polizei war weder willens noch in der Lage, die alte Staatsordnung gewaltsam

Der Rat der Volksbeauftragten, die geschäftsführende Regierung, zu Jahresbeginn 1919: Otto Landsberg, Philipp Scheidemann, Gustav Noske, Friedrich Ebert und Rudolf Wissell (alle SPD)

Soldaten im Pfeilersaal des Stadtschlosses, November 1918

zu verteidigen. Sie blieb auch in den kommenden Wochen größtenteils unsichtbar, sodass im Villenvorort Dahlem Bürger sogar eine „freiwillige Polizei" bildeten, die zum Schutz vor Einbrüchen nachts Wache ging. Die Bürokratie erkannte den neuen Reichskanzler Ebert an und arbeitete reibungslos weiter. Noch am 9. November bildeten die beiden sozialdemokratischen Parteien und die Gewerkschaften einen Berliner „Volksausschuss" zum Schutz der städtischen Betriebe, der wiederum vier „Volksbeauftragte", erfahrene SPD-Stadtverordnete, ernannte. Die Stadtverwaltung unter Oberbürgermeister Adolf Wermuth erklärte, unter den neuen Gegebenheiten weiterarbeiten zu wollen, und die Volksbeauftragten befanden damit ihre Aufgabe für erledigt. So unspektakulär verlief die Revolution auf Berlins kommunaler Ebene. Dass es auch anders ging, zeigt das Beispiel Neukölln, wo die Spartakisten das Heft in die Hand bekamen und eine kurzlebige „Republik Neukölln" ausriefen.

Auf Reichsebene bildeten SPD und USPD am 10. November unter ihren Parteivorsitzenden Ebert und Haase den sechsköpfigen „Rat der Volksbeauftragten". Als Kontrollinstanz fungierte ein „Vollzugsrat der Arbeiter- und Soldatenräte", der auf einer großen Versammlung im Zirkus Busch (der kriegszerstörte Bau stand zwischen dem S-Bahnhof Hacke-

Der Kapp-Putsch endet erfolglos, zum 1. Oktober entsteht Groß-Berlin, die flächenmäßig zweit-, bevölkerungsmäßig drittgrößte Stadt der Welt

Der Spartakisten-Aufstand wird blutig und rasch niedergeschlagen, Rosa Luxemburg und Karl Liebknecht werden ermordet, das Deutsche Reich wird zur parlamentarischen Republik

1900 1910 1919 1920

scher Markt und der Spree) gebildet wurde. Für den 19. Januar 1919 wurden Wahlen zu einer „verfassunggebenden Nationalversammlung" angesetzt.

Im Laufe des Dezembers nahmen die Unruhen auf den Straßen zu, am 6. Dezember kam es zu einer Schießerei zwischen demonstrierenden Spartakisten und Soldaten, die 16 Tote forderte. Eine große Konfrontation entstand am 24. Dezember. Die Revolutionshelden der Volksmarinedivision, die von der Regierung Lohn und Verpflegung erhielten, hatten sich im Schloss einquartiert und wollten von dort auch nicht weichen. Als die Regierung, um sie zum Umzug zu zwingen, ihre Zahlungen zurückhielt, stürmten die Matrosen kurzerhand die Reichskanzlei, nahmen den Stadtkommandanten Otto Wels als Geisel ins Schloss mit und drohten mit seiner Ermordung. Die Regierung entschloss sich, Wels notfalls mit militärischer Gewalt zu befreien. Am Morgen des 24. Dezember begannen Gardesoldaten im Auftrag der Regierung mit dem Beschuss des Schlosses; in einer Verhandlungspause ließen sie sich jedoch von Spartakisten umstimmen und zogen wieder ab. Die Matrosen blieben mitsamt der Geisel im Schloss – die Regierung musste sich wenigen Hun-

> Wenn das Berlin der Kaiserzeit die aggressive Dynamik des jungen deutschen Nationalismus säbelrasselnd zur Schau gestellt hatte, so spiegelte das Berlin der ersten Nachkriegsjahre mit demselben Eklat die apokalyptische Gemütsverfassung der besiegten Nation. „Schaut mich nur an", schmetterte die deutsche Kapitale, prasserisch noch in der Verzweiflung. „Ich bin Babel, die Sünderin, das Ungeheuer unter den Städten. Sodom und Gomorra zusammen waren nicht halb so verderbt, nicht halb so elend wie ich! Nur hereinspaziert, meine Herrschaften, bei mir geht es hoch her, oder vielmehr, es geht alles drunter und drüber. Das Berliner Nachtleben, Junge-Junge, so was hat die Welt noch nicht gesehen! Früher mal hatten wir eine prima Armee; jetzt haben wir prima Perversitäten! Laster noch und noch! Kolossale Auswahl!"
> *Der Schriftsteller Klaus Mann*

Mit Matthias Erzberger und Walther Rathenau werden zwei weitere bedeutende Politiker ermordet

Der neue Zentralflughafen Tempelhof wird eröffnet, die Hyperinflation lässt die Wirtschaft zusammenbrechen, viele Bürger verarmen

Die Weltwirtschaftskrise macht viele Berliner arbeitslos und lässt Nationalsozialisten und Kommunisten erstarken

1921/22 1923 1929 1930 1940

Wahlkampf für die SPD 1919 vor dem Reichstag

dert aufständischen Matrosen beugen. Das Ergebnis kam einem Freifahrtschein für bewaffnete Aufrührer gleich.

Ende Dezember zerbrach die Koalition der beiden sozialdemokratischen Parteien. Der Spartakusbund ging auf in der Kommunistischen Partei Deutschlands (KPD), die sich auf dem Gründungsparteitag vom 30. Dezember 1918 bis zum 1. Januar 1919 im Preußischen Abgeordnetenhaus formierte. Am 4. Januar 1919 beschloss die Regierung, den Polizeipräsidenten Eichhorn zu entlassen, der Waffen an linksradikale Arbeiter ausgegeben hatte, statt für die öffentliche Ruhe zu sorgen. Eichhorn jedoch dachte nicht an Rücktritt. Vielmehr verschanzte er sich im Polizeipräsidium, das von bewaffneten Arbeitern gesichert wurde, und scharte seine Anhänger um sich. Am Abend erschien folgender Aufruf: „Die Regierung Ebert-Scheidemann hat sich unmöglich gemacht. Sie ist von dem unterzeichneten Revolutionsausschuss der Vertretung der revolutionären sozialistischen Arbeiter und Soldaten (USPD und KPD) für abgesetzt erklärt. Der unterzeichnete Revolutionsausschuss hat die Regierungsgeschäfte vorläufig übernommen." Da hatten Demonstranten bereits die wichtigen Zeitungsverlage und Druckereien besetzt.

Massendemonstrationen von beiden Seiten und Schießereien bestimmten in den folgenden Tagen das Straßenbild, wobei die Regierungsgebäude in der Wilhelmstraße von sozialdemokratischen Demonstranten geschützt wurden und nicht vom Militär oder der Polizei. Aber längst nicht die ganze Stadt befand sich in Aufruhr. So fuhren zum Beispiel die Straßenbahnen weiter, und wo geschossen wurde, blieben sie stehen, um die nächste Feuerpause abzuwarten.

Die Regierung bevollmächtigte als Reaktion auf den Aufruhr ihr Mitglied Gustav Noske zum Gegenschlag. Mit Freiwilligenverbänden ehemaliger Soldaten, „Freikorps" genannt, begann er am 11. Januar die „Säuberung" der Stadt. Der „Spartakisten-Aufstand" wurde rasch und blutig niedergeschlagen. Den Kämpfen fiel auch die Gebäudeecke des Verlagshauses Rudolf Mosse (Jerusalemer Straße/Schützenstraße) zum Opfer, die 1921–23 durch Erich Mendelsohn im expressionistischen Stil wiederaufgebaut wurde. Am 15. Januar wurden schließlich die beiden vermeintlichen Anführer des Aufstands in Wilmersdorf gefasst und im Hotel Eden an der Budapester Straße, dem Hauptquartier der Garde-Kavallerie-Schützen-Division, verhört. Karl Liebknecht wurde anschließend am Neuen See im Tiergarten erschossen, Rosa Luxemburg, die mit dem Aufstand nichts zu tun hatte, wurde misshandelt, erschossen und in den Landwehrkanal geworfen, wo man ihre Leiche erst Monate später fand. Mit der Ermordung Liebknechts und Rosa Luxemburgs beginnt – in der aufgeheizten, verrohten Stimmung unmittelbar nach dem Ersten Weltkrieg – die Geschichte des politischen Mordes in Deutschland.

Wenige Tage später fanden die Wahlen zur Nationalversammlung statt, an denen erstmals auch Frauen teilnehmen (und gewählt werden) durften. Wegen der unruhigen Lage in Berlin trat die Nationalversammlung im Februar im Theater von Weimar zusammen. Die demokratischen Parteien SPD, DDP (Deutsche Demokratische Partei) und Zentrum, die über eine Zweidrittelmehrheit verfügten, wählten Friedrich Ebert zum Reichspräsidenten und bildeten unter dem Reichskanzler Philipp Scheidemann (SPD) die Regierung. Am 11. August wurde die Reichsverfassung von Ebert unterzeichnet und damit in Kraft gesetzt. Das Deutsche Reich war nun eine parlamentarisch-demokratische Republik, die dem vom Volk gewählten Reichspräsidenten eine starke Stellung einräumte.

Auch in den Wahlen zur Preußischen Landesversammlung wurde die SPD die stärkste Partei – sie blieb es bis 1933. Im Februar fanden dann schließlich auch die Wahlen der Berliner Stadtverordnetenversammlung statt, bei der die radikalere USPD die „staatstragende" SPD überflügelte.

Im März flammten noch einmal schwere Kämpfe auf, als der Groß-Berliner Arbeiterrat den Generalstreik beschloss. Gas und Strom wurden abgeschaltet, die Geschäfte schlossen, es kam zu Plünderungen und Demonstrationen. Die preußische Regierung verhängte den Belagerungszustand und übertrug dem erprobten Noske, mittlerweile Reichswehrminister, erneut die militärische Gewalt. Noske verhängte das Standrecht und gab Befehl, jeden zu erschießen, der mit der Waffe in der Hand angetroffen wurde. Gerüchte von Bluttaten auf beiden Seiten führten zu einer Spirale der Gewalt, die in acht Tagen über 500 Menschen das Leben kostete. Vor allem die Regierungstruppen gingen mit enormer Brutalität vor und genossen die Rache für 1918. Die Kommu-

Putschisten auf dem Potsdamer Platz während des Kapp-Putsches im März 1920

Raoul Hausmann, Hannah Höch, George Grosz, die Brüder Herzfeld u.a. bei der Eröffnung der „ersten großen Dada-Ausstellung" in der Kunsthandlung Burchard (am Lützowufer) im Juni 1920

nisten sollten den Sozialdemokraten ihren „Verrat an den Arbeitern" bis zum Ende der Republik nicht verzeihen.

Der weiterhin geltende Belagerungszustand brachte für den Rest des Jahres 1919 angespannte Ruhe. Im „Untergrund" entwickelte sich ein grelles, hektisches, illegales Nachtleben – Tanzvergnügen waren offiziell verboten. In den Nachtklubs traten Nackttänzerinnen auf, in geheimen Spielclubs wurde gezockt, und viele, die es sich leisten konnten, versuchten durch Rauschgifte, „Koks" und Morphium, dem Alltag zu entfliehen oder die durch den Krieg verlorenen Vergnügungen hektisch nachzuholen. Der Irrsinn der Zeit spiegelt sich im Berliner Dadaismus, der 1918 bis 1920 seine Hochphase erlebte. Walter Mehring überschrieb seinen „Dada-Prolog" mit den Worten: „Berlin, Dein Tänzer ist der Tod".

Zweimal noch kam es zu blutigen Zusammenstößen. Als der Reichstag im Januar 1920 über das Betriebsrätegesetz debattierte, versammelten die Kommunisten eine riesige Menschenmenge vor dem Reichstag, angeblich um das Gebäude zu stürmen. Die Polizei schoss aus den Fenstern des Parlaments – es gab 42 Tote.

In der Nacht vom 12. zum 13. März 1920 marschierten aus dem Baltikum zurückgekehrte Freikorps unter dem Kommando des entlassenen Generals von Lüttwitz nach Berlin ein, besetzten die Regierungsgebäude und erklärten den General-Landschaftsdirektor Wolfgang Kapp zum neuen Reichskanzler. Die Reichswehr und die Sicherheitspolizei unterstützten mehrheitlich die Putschisten, und so floh die Regierung über Dresden, wo ihre Lage ebenfalls unsicher war, nach Stuttgart. Doch die Gewerkschaften organisierten über Nacht den Generalstreik in Berlin, und nach dem Wochenende erschienen die Regierungsbeamten zwar in ihren Büros, sabotierten aber Kapps Befehle. Am 18. März brach der „Kapp-Putsch" zusammen, die Rückzugsgefechte zwischen den Putschisten und bewaffneten Arbeitern forderten aber noch Hunderte von Toten.

Groß-Berlin

Die Bildung von Groß-Berlin war eine kommunalpolitische Großtat, die endlich die zersplitterten Kompetenzen im Berliner Ballungsraum ordnete. Die sozialen und politischen Gegensätze zwischen Berlin und seinen reichen Vorstädten, der Streit zwischen Konservativen und Linken, nicht zu vergessen die Eifersüchteleien zwischen den verschiedenen politischen Ebenen hätten im Kaiserreich vermutlich noch lange eine Fusion blockiert. Nach Krieg und Revolution jedoch war die preußische Bürokratie weitgehend ausgeschaltet; der Berliner Magistrat wollte die Fusion, ebenso die Sozialdemokraten, die das Gesetz nun in der verfassunggebenden Preußischen Landesversammlung mit ihrer Mehrheit – bei Enthaltung des Zentrums und den Gegenstimmen fast aller rechten Abgeordneten – verabschiedeten.

Zum 1. Oktober 1920 entstand die neue Großgemeinde, in die neben Berlin sieben weitere Städte, 59 Landgemeinden und 27 Gutsbezirke (darunter viele Forstbezirke, aber auch das Berliner Stadtschloss) aufgingen. 3,8 Millionen Einwohner auf einer Fläche von 883 Quadratkilometern gehörten nun zur Stadt. Berlin wurde zur flächenmäßig zweitgrößten (nach Los Angeles) und bevölkerungsmäßig drittgrößten Stadt der Welt (nach London und New York).

Die Verfassung war ein mit knapper Mehrheit verabschiedeter Kompromiss. Die Verwaltung leitete weiterhin der Magistrat, dem besoldete

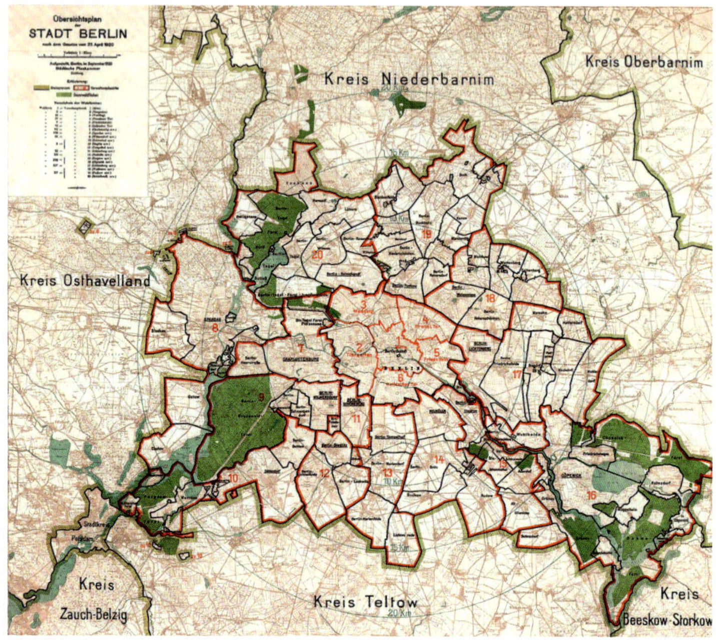

Das neue Groß-Berlin mit seinen 20 Bezirken

Fachstadträte, ein Bürgermeister und der Oberbürgermeister als primus inter pares (ohne Weisungsbefugnis) angehörten. Berlin wurde in 20 Verwaltungsbezirke mit jeweils eigener demokratisch gewählter Bezirksversammlung und einer Bezirksregierung (das Bezirksamt aus Bezirksstadträten und -bürgermeister) eingeteilt. Manche Aufgaben wurden zentralisiert, andere „bürgernah" verteilt. Eigene Kompetenzen erhielten die Bezirke vor allem im Schulwesen.

Kurioserweise entsprach der erste langjährige Oberbürgermeister des neuen Groß-Berlin so gar nicht dem Schreckensbild der konservativen Groß-Berlin-Gegner. Nach dem Rücktritt des Amtsinhabers Adolf Wermuth fand sich die SPD-Fraktion in der Stadtverordnetenversammlung vor die Wahl gestellt zwischen einem Kandidaten von USPD/KPD und einem Mann der Mitte. Sie entschied sich im Januar 1921 für den Demokraten Gustav Böß, der Berlin bis 1929 regieren sollte.

Der Sportpalast

Wohl kaum ein Gebäude symbolisiert die 1920er-Jahre Berlins so gut wie der Sportpalast, der 1910 als „größter Eispalast der Welt" – mit Beethovens neunter Symphonie unter der Leitung von Richard Strauss – eröffnet und 1973, kriegsbeschädigt, aber noch immer als Konzertort gefragt, geschlossen und abgerissen wurde. 6.000 Zuschauer fanden auf den drei Rängen der Halle Platz, deckte man die Eisfläche ab, waren es 12.000 Menschen. Seine große Zeit erlebte er in den 20er-Jahren, als zu den alljährlichen Sechs-Tage-Rennen und den neuartigen Profi-Boxveranstaltungen die Massen strömten. Wer etwas zählen wollte in der Berliner „Gesellschaft", mietete sich eine teure Loge. Hier trafen sich Kaufleute und Gauner, Schauspieler und Literaten, allen voran der einstige deutsche Kronprinz Wilhelm, der nun sein Leben als Playboy genoss. Das Kommando allerdings übernahm mit Gesängen und Pfeifkonzerten der „Heuboden" unter dem Dach – die billigsten Plätze. Auch die Politiker entdeckten rasch die massensuggestiven Qualitäten des Saales. Von den Nationalsozialisten, deren „Gauleiter" Goebbels sein Büro nur wenige Häuser weiter hatte, bis hin zur KPD richteten alle Parteien hier Parteitage und hochkarätige Wahlveranstaltungen aus. Es war in diesem Saal, wo Goebbels die „Deutschen" am 18. Februar 1943 – Stalingrad war soeben verloren – fragte: „Wollt ihr den totalen Krieg?" Die Folgen sind bekannt. Am 30. Januar 1944, auf den Tag genau elf Jahre nach Hitlers Machtergreifung, wurde der Sportpalast ausgebombt.

Wirtschaftsnot und kulturelle Blüte

Was nach dem Krieg als schleichende Teuerung eingesetzt hatte, entwickelte sich bald zur galoppierenden Inflation. Durch die Inflationskonjunktur sank die Arbeitslosenzahl 1922 zwar beträchtlich, doch die Preissteigerungen fraßen die kargen Löhne wieder auf. Breite Bevölkerungsschichten lebten in Armut; Unterernährung war Untersuchungen an Schulkindern zufolge keine Ausnahme. Die Besetzung des Ruhrgebiets durch Franzosen und Belgier und der passive Widerstand der Reichsregierung als Antwort darauf setzten eine Hyperinflation in Gang, die auch permanente Lohn- und Gehaltserhöhungen nicht mehr ausgleichen konnten. Breite Bevölkerungsschichten verarmten – nur wer Sachwerte wie Immobilien besaß, war vor der alles vernichtenden Geldentwertung gefeit.

Im Juli 1923 kam es zu schweren Versorgungsengpässen; die Berliner fuhren aufs Land, um sich mit Essbarem zu versehen, in den Markthallen

Polizisten regeln den Brotverkauf während der Inflation 1923

bildeten sich Schlangen „wie im Krieg". Geschäfte begannen aus Angst vor Plünderungen früh zu schließen, Arbeiter streikten, die Reichsregierung Cuno trat zurück. Am 21. September kamen die ersten Milliardennoten in Umlauf, Überdrucke der Tausendmarkscheine vom Jahr zuvor. Die Wirtschaft stockte, die Arbeitslosigkeit verdreifachte sich in zwei Monaten, die Kriminalität stieg, eine „Wucherpolizei" begann die Preise, die jeden Morgen neu festgesetzt wurden, zu kontrollieren. Der Polizeibericht notierte: „Berlin verroht". Die Schattenwirtschaft blühte – und damit auch die „Lasterhöhlen". Anfang September erging ein Verbot für „Nackttänze, andere Nacktdarstellungen, Damen-, Box- und Ringkämpfe, sofern bei ihnen nicht ein künstlerisches, sportliches oder artistisches Interesse überwiegt".

Als am 14. Oktober die Brotmarken abgeschafft wurden und die Brotpreise in astronomische Höhen schnellten, wurden die ersten Bäckereien geplündert. Bald standen viele von ihnen unter Polizeischutz. Die AEG begann einen Teil des Lohns in Brot auszuzahlen, das im Werk selbst gebacken wurde. Schließlich bekam die Regierung das Problem dadurch in den Griff, dass sie die Mehlvorräte beschlagnahmte. Im November 1923, als in München Hitler und Ludendorff erfolglos putschten, erreichte die Inflation ihren Höhepunkt. Am 15. November kostete ein Pfund Brot

80 Milliarden Mark, ein Dollar 4,2 Billionen Mark. Die Einführung der Rentenmark (gleich einer Billion Papiermark) am 15. November bedeutete das Ende der Inflation, nach wenigen Wochen hatte sich die Lage wieder stabilisiert. Um die neue Währung nicht zu gefährden, mussten die öffentlichen Haushalte jedoch eisern sparen. Die Stadt Berlin entließ fast ein Viertel ihrer Angestellten, Arbeiter und Beamten. Trotz des Wirtschaftswachstums der kommenden Jahre hielt sich als Spätfolge der Inflation eine konstant hohe Arbeitslosigkeit.

Die harten Friedensbedingungen aus dem Vertrag von Versailles, zu denen große Gebietsverluste, die Aufgabe aller Kolonien, umfassende Reparationszahlungen und weitgehende Zugeständnisse im Zoll- und Handelsverkehr zählten, führten die junge Republik nicht nur in die wirtschaftliche Krise. Sie boten auch der antirepublikanischen Rechten ein gefundenes Fressen: Denn nicht die führenden Kräfte der Kaiserzeit oder die Militärs hatten den Krieg verloren gegeben und den „Diktatfrieden" akzeptiert, sondern die demokratischen Parteien, vorneweg die SPD. Schon bald glaubten viele Deutsche der „Dolchstoßlegende": Hätten wir nur weitergekämpft, wir hätten den Krieg noch gewonnen, aber die Linken ließen uns ja nicht. Die Sozialdemokraten galten bald wieder

Die neueste Attraktion im Luna-Park 1923: das drehbare Haus

Walther Rathenau

„Rathenau gehört ohne jeden Zweifel zu den fünf, sechs großen Persönlichkeiten dieses Jahrhunderts", urteilte der Zeithistoriker Sebastian Haffner. Walther Rathenau (1867–1922) promovierte in Physik, ehe er in den väterlichen Konzern einstieg: Er baute zwei neue Werke auf, wurde Mitglied des Vorstands, Vorsitzender des Aufsichtsrats und 1915 „Präsident der AEG" – mit Sondervollmachten ausgestattet, aber nicht zuständig für das Tagesgeschäft des Vorstandes. Er initiierte und organisierte im preußischen Kriegsministerium bis 1915 die Rohstoffbewirtschaftung für die Kriegsindustrie, förderte engagiert die Künste und verfasste zahlreiche politische und philosophische Schriften. 1920 gehörte er zu den Mitbegründern der Deutschen Demokratischen Partei (DDP), 1921 wurde er Reichswiederaufbauminister, im Januar 1922 Außenminister. Drei Monate später, am 24. Juni 1922, wurde er in der Nähe seines Hauses in der Berliner Königsallee, in seinem Auto fahrend, von zwei jungen Rechtsradikalen mit drei Kopfschüssen ermordet.

als „Vaterlandsverräter", der Zentrumspolitiker Matthias Erzberger, der die aussichtslosen Friedensverhandlungen geführt hatte, wurde als „Erfüllungsgehilfe der Siegermächte" 1921 von zwei ehemaligen Offizieren ermordet. Am 24. Juni 1922 erschossen zwei rechtsradikale und antisemitische Offiziere den Außenminister und vormaligen AEG-Chef Walther Rathenau nahe seinem Haus in der Grunewalder Koenigsallee / Ecke Erdener Straße.

Schon bei der Reichstagswahl im Juni 1920 verloren die „Weimarer Parteien" SPD, Zentrum und DDP die Mehrheit. Angesichts der politischen Instabilität der „Weimarer Republik" mit ihren häufigen Regierungswechseln muss man staunen, wie es der deutschen Politik überhaupt gelang, die zahlreichen schweren außen-, innen- und wirtschaftspolitischen Probleme über so viele Jahre hinweg zu meistern. Die Folge der permanenten Krise war jedoch das Erstarken der politischen Extreme; die Mitte verlor an Wählern.

Auf die überstandene Inflation folgten Jahre des Aufschwungs. Endlich war wieder Baukapital verfügbar, und nun vollzog sich der Durchbruch des „Neuen Bauens": mit Erich Mendelsohns Columbushaus am Potsdamer Platz und Peter Behrens' Bürohäusern am Alexanderplatz, Hans Poelzigs Rundfunkhaus am Messegelände und Hugo Hertleins Siemens-Bauten. Vor allem aber schufen Großsiedlungen dringend benötigten Wohnraum. Unter Federführung des Stadtbaurats Martin Wagner und nach Planungen von Architekten wie Bruno Taut, Hans Scharoun, Walter Gropius, Otto Rudolf Salvisberg und Hugo Häring entstanden ab 1925 die Britzer Hufeisensiedlung, Onkel Toms Hütte in Zehlendorf, die Ringsiedlung Siemensstadt, die Weiße Stadt in Reinickendorf und zahlreiche kleinere Wohnanlagen wie Deutschlands erste Plattenbausiedlung, die Herbert-Splanemann-Siedlung in Friedrichsfelde (1926/27). Dennoch zählte man 1933 noch über 40.000 Wohnungen in Baracken und Laubenkolonien.

1928 erreichte Verkehrsstadtrat Ernst Reuter den Zusammenschluss

Revuegirls als Micky Mäuse verkleidet 1931. Walt Disneys Zeichentrickfigur eroberte damals die Welt

Das Scheunenviertel

Bei Kriegsbeginn 1914 flüchteten zahlreiche Juden aus Galizien nach Berlin; zum Teil wurden sie wegen des kriegsbedingten Arbeitskräftemangels regelrecht angeworben. Auch viele, die weiterreisen wollten nach Amerika oder Palästina und mit einem auf wenige Tage befristeten Durchreisevisum zur Amerikafähre in Antwerpen oder Hamburg nach Berlin kamen, blieben, weil ihnen das Geld für die Weiterreise fehlte, illegal in der Stadt hängen. Die meisten dieser „Ostjuden" fanden im sogenannten Scheunenviertel um die Grenadier- (heute Almstadt-), die Dragoner- (heute Max-Beer-) und die Hirtenstraße billige Wohnungen – und wohl auch den wenigsten Antisemitismus. Binnen kurzer Zeit bestimmten die orthodoxen Juden hier das Straßenbild. Als Umgangssprache dominierte Jiddisch. 1925 waren von den 140.000 Juden in Berlin 40.000 Ausländer, ganz überwiegend aus den Staaten Osteuropas. Der berühmte Schauspieler Alexander Granach erinnerte sich später: „Plötzlich war ich mitten in Berlin in einer Gegend wie Lemberg. Kleine, enge, finstere Gässchen mit Obst- und Gemüseständen an den Ecken. Frauen mit bemalten Gesichtern, mit großen Schüsseln in den Händen strichen herum, wie in der Zosina-Wolja-Gasse in Stanislau oder in der Spitalna in Lemberg. Viele Läden, Restaurants, Eier-, Butter-, Milchgeschäfte, Bäckereien mit der Aufschrift ‚Koscher'. Juden gingen umher, gekleidet wie in Galizien, Rumänien und Russland. Die keine Geschäfte hatten, handelten mit Bildern und Möbeln auf Abzahlung. Man ging hausieren mit Tischtüchern, Handtüchern, Hosenträgern, Schnürsenkeln, Kragenknöpfen, Strümpfen und Damenwäsche. Andere wieder gingen von Haus zu Haus, alte Kleider kaufen, die dann Großhändler aufkauften und an die alte Heimat lieferten. Die meisten aber in dieser Gegend waren Arbeiter und Arbeiterinnen, die in den Zigarettenfabriken Manoli, Garbaty oder Muratti beschäftigt waren. Da war auch ein reges gesellschaftliches Leben. Die Frommen hatten verschiedene Gebetshäuser, nach ihren Sekten, nach ihren Rabbis benannt. Da gab es Zionisten aller Schattierungen, da gab es Sozialrevolutionäre, Sozialisten, den ‚Bund' und Anarchisten. Es gab auch Theater und Sänger. Da traten kleine Schauspieler und Statisten auf von den guten Theatern in Russland, Rumänien, Galizien und priesen sich mit Riesenlettern als berühmte internationale Stars an."

aller Berliner Straßenbahn-, Bus- und U-Bahn-Gesellschaften zu einem System mit einheitlicher Planung und einheitlichem Tarifsystem. Die Berliner Verkehrs-Aktiengesellschaft (BVG) rühmte sich als größtes kommunales Unternehmen der Welt. Das U-Bahnnetz wuchs bis 1930 um mehr als das Doppelte auf 76 Kilometer. Für spürbare Verbesserung der „Berliner Luft" sorgte die Umstellung der innerstädtischen Bahnlinien auf elektrischen Antrieb ab 1924.

Als wär's eine Szene aus „Emil und die Detektive": ein Brotkarren im Scheunenviertel Anfang der 30er-Jahre

Auf dem Tempelhofer Feld eröffnete 1923 der neue Zentralflugplatz, drei Jahre später entstand in Berlin die Deutsche Lufthansa als Fusion von Aero-Lloyd und den Junkers-Werken. Seit 1929 verband der Eisenbahn-Triebwagen namens „Fliegender Holländer" Berlin und Hamburg in zwei Stunden und 20 Minuten.

1923 ging in Berlin der deutsche Rundfunk auf Sendung. Zwei Jahre später fand die erste Funkausstellung statt, 1926 wurde der Funkturm eingeweiht, und 1929 begannen hier die ersten Fernsehversuchssendungen der Welt. Die deutsche Hauptstadt entwickelte sich auch zum Zentrum der Filmindustrie: Die in Berlin ansässige Universum Film-AG (Ufa) bildete mit ihren Ateliers in Potsdam-Neubabelsberg und in der Tempelhofer Oberlandstraße das größte Filmunternehmen außerhalb Hollywoods.

Berlin wurde in den 20er-Jahren zum unumstrittenen kulturellen Mittelpunkt Deutschlands, zum Anziehungspunkt für Schriftsteller und Journalisten, Musiker und bildende Künstler, Theaterleute und Filmemacher. Das Berliner Kunstleben war laut, experimentell und provozierend. Und vor allem politisch. Im Zentrum der breiten Aufmerksamkeit stand – und das ist selten – die junge Avantgarde.

> Diese Stadt fraß Talente und menschliche Energien mit beispiellosem Heißhunger, um sie ebenso rasch zu verdauen, kleinzumahlen und wieder auszuspucken. Was immer in Deutschland nach oben strebte, saugte sie mit Tornado-Kräften in sich hinein, die Echten wie die Falschen, die Nullen wie die Treffer.
> *Carl Zuckmayer, „Als wär's ein Stück von mir", 1931*

Das „literarische Berlin" traf sich in den Kaffeehäusern des „Neuen Westens", große Schriftsteller wie Heinrich Mann und Robert Musil, Erich Kästner und Joachim Ringelnatz, aber auch politische Journalisten wie Siegfried Jacobsohn, Kurt Tucholsky und Carl von Ossietzky, die nacheinander die berühmte „Weltbühne" leiteten. Ein eigenes Kulturnetz knüpften die russischen Emigranten, für die „Charlottengrad" zum wichtigsten Zufluchtsort nach der Revolution von 1917 wurde.

George Grosz und Otto Dix, Max Beckmann und Karl Hofer, Heinrich Zille und Käthe Kollwitz dokumentierten die Zeit in ihren Bildern. Franz Schreker und Arnold Schönberg, Paul Hindemith und Kurt Weill, Wilhelm Furtwängler und Bruno Walter, Erich Kleiber und Otto Klemperer machten Berlin zum Zentrum der musikalischen Avantgarde, und für die Theaterszene stehen Namen wie Leopold Jessner und Jürgen Fehling, Heinz Hilpert und Erwin Piscator, Max Reinhardt und Bertolt Brecht. In Berlin residierten die großen Buchverlage wie Rowohlt, S. Fischer und Ullstein; und 1930 hatten die Berliner die Auswahl zwischen 149 verschiedenen Tageszeitungen. Selbst im Fußball setzte Berlin kurzzeitig Maßstäbe: 1930 und 1931 wurde Hertha BSC Deutscher Meister.

Die letzten Jahre der Republik

Der Aufschwung war von kurzer Dauer. 1929 begann die große Krise, die durch den Crash an der Wall Street am 25. Oktober („Schwarzer Freitag") nur verstärkt wurde. Das Reich, die Länder und die Kommunen hatten innerhalb weniger Jahre so viele Schulden angehäuft, dass man sich teilweise nur noch durch Sofortkredite zu helfen wusste und alle Ausgaben radikal kürzte. Was die Krise noch verstärkte: Berlin, das mittlerweile 4,3 Millionen Einwohner zählte, war so überschuldet, dass man keinen anderen Ausweg sah, als die BEWAG zu verkaufen. Die Arbeitslosenzahlen stiegen steil in die Höhe – im Februar 1932 war rund ein Drittel aller Berliner Erwerbsfähigen arbeitslos, die Unruhen auf den Straßen nahmen zu.

Viel von ihrer Glaubwürdigkeit verspielten die Berliner Behörden im sogenannten Sklarek-Skandal, der den Oberbürgermeister Böß im Jahr 1929 zum Rücktritt zwang und der antisemitischen Propaganda Nahrung lieferte. Die drei jüdischen Brüder Sklarek, die der Stadt sämtliche Dienstkleidung geliefert hatten, hatten die Bezirksämter und die Stadt Berlin um die stattliche Summe von zwei Millionen Mark betrogen. 1929 zogen erstmals die Nationalsozialisten ins Stadtparlament ein, allerdings nur mit 5,8 Prozent der Stimmen, während die Kommunisten auf 24,6 Prozent kamen. Stärkste Kraft blieb mit 28,4 Prozent die SPD. Fraktionsvorsitzender der KPD war Wilhelm Pieck, sein NS-Gegenpart wurde Joseph Goebbels, der seit 1926 die NSDAP im „Gau" Berlin führte und die Parteikampftruppe SA in Saal- und Straßenschlachten gegen die Kommunisten hetzte. Interessanterweise fanden die oft blutigen Auseinandersetzungen der beiden radikalen Kräfte in den „roten" Arbeitervier-

Der Potsdamer Platz 1933 mit dem Verkehrsturm in der Mitte und dem noch nagelneuen Columbushaus

Tanztee im Garten des Hotels Esplanade am Potsdamer Platz 1926

teln statt, ihre Wahlerfolge erzielte die NSDAP aber ganz überwiegend in den bürgerlichen Bezirken.

Zum Märtyrer der NS-Bewegung stilisierte Goebbels den Pfarrerssohn und SA-Sturmführer Horst Wessel. Als Wessel mit seiner Verlobten in Friedrichshain zusammenzog und sich weigerte, deshalb die doppelte Miete zu zahlen, rief seine Vermieterin ihr bekannte Kommunisten, die Wessel einschüchtern sollten. Der herbeigerufene Zuhälter und Rotfrontkämpfer Ali Höhler schoss Wessel in den Mund, worauf der nach qualvollem Leiden im Februar 1930 starb. Das von Wessel geschriebene Lied „Die Fahne hoch" wurde zur NS-Hymne, er selbst zur Lichtgestalt verklärt.

Bei den Reichstagswahlen im September 1930 errangen die Nationalsozialisten 107 statt bislang 12 Sitze. Und während Reichskanzler Heinrich Brüning nur noch mittels Notverordnungen, gestützt durch den

> Im Osten residiert das Verbrechen, im Zentrum die Gaunerei, im Norden das Elend, im Westen die Unzucht, und in allen Himmelsrichtungen wohnt der Untergang.
> *Erich Kästner, „Fabian. Die Geschichte eines Moralisten", 1931*

Reichspräsidenten, regierte, wurden Pöbeleien, Störungen und Schlachten von Nationalsozialisten und Kommunisten gegen ihre Gegner und die Polizei alltäglich. Am 9. August 1931 kam es sogar zu einem Mordanschlag von Kommunisten auf zwei Polizisten auf dem Bülowplatz (heute Rosa-Luxemburg-Platz), für den der spätere Chef der DDR-Staatssicherheit Erich Mielke 1993 zu sechs Jahren Haft verurteilt wurde. Vor den Landtagswahlen im Frühjahr 1932 entwickelte die SA solch einen Terror, dass die preußische Regierung bei der Reichsregierung die Auflösung von SA und SS und ein generelles Demonstrationsverbot durchsetzte. Franz von Papen, seit Juni neuer Reichskanzler, gewann die Unterstützung Hitlers dadurch, dass er die NS-Kampftruppen wieder zuließ. Ihren neuerlichen Terror nahm er dann zum Anlass, über Berlin und Brandenburg den Ausnahmezustand zu verhängen, die preußische Regierung unter dem SPD-Ministerpräsidenten Otto Braun staatsstreichartig abund sich selbst als Reichskommissar für Preußen einzusetzen. Bei der Reichstagswahl im Juli 1932 erhielten NSDAP und KPD zusammen eine Mehrheit. Die Nationalsozialisten kamen auf 37,4 (in Berlin 28,6) Prozent, die Kommunisten auf 14,6 (in Berlin 27,3) Prozent. Die Demokraten waren zur Minderheit geworden, im Reich wie in Berlin.

Demonstration des Roten Frontkämpferbundes 1927 mit Ernst Thälmann (links) an der Spitze

1933–1945
Berlin unter den Nationalsozialisten

Machtübernahme und Gleichschaltung

Am 30. Januar 1933 ernannte Reichspräsident Paul von Hindenburg Adolf Hitler, den Führer der NSDAP, zum Reichskanzler. Am selben Abend zogen SA-Kolonnen mit brennenden Fackeln durchs Brandenburger Tor zur Reichskanzlei.

„Es ist fast wie ein Traum. Die Wilhelmstraße gehört uns. Der Führer arbeitet bereits in der Reichskanzlei. Wir stehen oben am Fenster, und Hunderttausende und Hunderttausende von Menschen ziehen im lodernden Schein der Fackeln am greisen Reichspräsidenten und jungen Kanzler vorbei und rufen ihnen ihre Dankbarkeit und ihren Jubel zu." So hielt es der Organisator des Spektakels, NS-Chefpropagandist Joseph Goebbels, in seinem Tagebuch fest. Für dieses eindrucksvolle Symbol der „Machtergreifung" war eigens die Bannmeile um das Regierungsviertel aufgehoben und jegliche Gegendemonstration verboten worden. Konsequent und rücksichtslos verfolgten die Nationalsozialisten in den kommenden Wochen und Monaten die Ausschaltung der politischen Gegner, die „Gleichschaltung" des Staatsapparats und die Umwandlung der Weimarer Republik in eine brutale Diktatur.

Hitler bei einer Wahlkundgebung im Februar 1933 im Sportpalast

Joseph Goebbels

Joseph Goebbels, 1897 im niederrheinischen Rheydt (heute Mönchengladbach) geboren, sprach stark Rheinisch und widersprach äußerlich völlig dem Bild eines Muster-„Ariers". Und doch wurde der promovierte Germanist zum mächtigsten Propagandisten der Nazi-Ideologie – und zum Kopf der Berliner Nationalsozialisten. 1926 zum „Gauleiter" für Berlin bestimmt, organisierte er maßgeblich die Straßen- und Saalschlachten, die sich die Nationalsozialisten in den späten 1920er- und frühen 30er-Jahren mit den Kommunisten lieferten. Ab 1933 widmete er sich überwiegend der Reichspolitik, 1940 übernahm er jedoch de facto die Befehlsgewalt über die Berliner Stadtverwaltung, seit 1944 fällte er im neugeschaffenen Amt des Berliner „Regierungspräsidenten" alle wichtigen Entscheidungen, die Berlin betrafen.

Welche Entwicklung der 30. Januar 1933 auslösen sollte, ahnten allerdings nur wenige Zeitgenossen. Die Reichsregierungen kamen und gingen seit Jahren, ohne dass sich viel änderte. Bei den Reichstagswahlen im November hatten die Nationalsozialisten gegenüber der Wahl im Juli Stimmanteile verloren, ihr Zenit schien überschritten. Nur drei Nationalsozialisten gehörten dem Kabinett Hitler an, als starker Mann galt der Pressemagnat und Parteiführer der Deutschnationalen, Alfred Hugenberg, auf dem Posten des Wirtschaftsministers. Und die kommissarische Regierungsgewalt über Preußen lag beim Koalitionspartner Franz von Papen. Doch was viele übersahen: Die beiden NS-Minister saßen an den Schalthebeln der inneren Sicherheit. Wilhelm Frick war Reichsinnenminister, Hermann Göring kontrollierte als preußischer Innenminister den gesamten Polizeiapparat in Preußen. Die entscheidenden Machtpositionen besetzte er sofort mit NS-Parteigenossen, und am 17. Februar 1933 erließ er folgenden Runderlass: „Polizeibeamte, die [...] von der Schusswaffe Gebrauch machen, werden ohne Rücksicht auf die Folgen

[...] von mir gedeckt; wer hingegen in falscher Rücksichtnahme versagt, hat dienststrafrechtliche Folgen zu gewärtigen." Der Brutalität wurden Tür und Tor geöffnet.

Die Gewalt gegen Andersdenkende ging in den folgenden Wochen und Monaten vor allem von den NS-Hilfstruppen der SA und der SS aus, deren Trupps und „Stürme" nun auf ihre Gegner im persönlichen Umkreis losgingen: Kommunisten und Sozialdemokraten, Gewerkschaftler und linke Intellektuelle wurden überfallen und zusammengeschlagen oder in SA-Lokale und Kasernen gebracht, die zu Folterstätten umfunktioniert worden waren. Einer der schlimmsten Gewaltexzesse spielte sich im Juni 1933 bei der „Köpenicker Blutwoche" ab, während der mindestens 22, vermutlich aber wesentlich mehr Kommunisten und Sozialdemokraten misshandelt und getötet wurden. Die Leichen fand man später, in Säcke genäht und mit Steinen beschwert, in der Dahme. Es gab zwar zahlreiche Strafverfahren gegen SA-Männer, aber verurteilt wurden nur sehr wenige.

Am Abend des 27. Februar stand der Reichstag in Flammen. Aufgeklärt wurden die Hintergründe nie, aber man kann von einem Auftragswerk der NS-Führung ausgehen. Hitler und Göring, der auch Reichstagspräsident war, schoben den Brand sofort den Kommunisten in die Schuhe, in deren Zentrale man zuvor angeblich Umsturzpläne entdeckt hatte. Noch in der Nacht wurden rund 5.000 KPD-Funktionäre im ganzen Reich verhaftet (in Berlin etwa 1.500) und in Konzentrationslager gebracht – die Aktion war von langer Hand geplant. Einen Tag später setzte die „Verordnung zum Schutz von Volk und Staat" wichtige Grundrechte außer Kraft. Wohin die Reise gehen sollte, erklärte Göring, immerhin preußischer Innenminister, in einer Rede ganz öffentlich: „Hier habe ich keine Gerechtigkeit zu üben, sondern hier habe ich nur zu vernichten und auszurotten, weiter nichts." Die Reichstagswahl vom 5. März 1933 brachte der Regierungskoalition eine Mehrheit von 51,9 Prozent. Die Na-

Beginn der Juden-Deportationen in die Vernichtungslager im Osten, drei Monate vor der „Wannseekonferenz"

Propagandaminister Joseph Goebbels ruft im Sportpalast den „totalen Krieg" aus

Am 2. Mai kapitulieren die deutschen Truppen in Berlin, am 8./9. Mai geht mit der Kapitulation der deutschen Wehrmacht in Karlshorst der Zweite Weltkrieg in Europa zu Ende

1941 **1943** **1945**

tionalsozialisten allein erhielten allerdings nur 43,9 Prozent im Reich, in Berlin gar nur 34,6 Prozent der Stimmen. Die demokratischen Parteien konnten die Zahl ihrer Wählerstimmen behaupten, obwohl KPD und SPD gar keinen, die bürgerlichen Parteien nur einen eingeschränkten Wahlkampf hatten betreiben können.

Drei Tage nach dem psychologisch so wichtigen „Tag von Potsdam", als sich in einer Feierstunde in der Garnisonkirche mit dem Segen der evangelischen Kirche „Preußen" und der „Nationalsozialismus", personifiziert durch Hindenburg und Hitler, verbanden, schaltete sich der Reichstag durch das „Ermächtigungsgesetz" selbst aus. Gegen die Stim-

Hitler und Reichspräsident Hindenburg in der Uniform des Feldmarschalls am 21. März 1933 in Potsdam

Die Krolloper

Nach dem Reichstagsbrand wurde die nahe gelegene „Krolloper" zur neuen Tagungsstätte des Parlaments umgebaut. Hier verabschiedete der Reichstag am 23. März 1933 – gegen die Stimmen der SPD und in erzwungener Abwesenheit der KPD-Abgeordneten – das Ermächtigungsgesetz. Hier verkündete Adolf Hitler am 1. September 1939 den Beginn des Zweiten Weltkriegs („Seit 5.45 Uhr wird jetzt zurückgeschossen. Und von jetzt ab wird Bombe mit Bombe vergolten."). Und hier kam am 26. April 1942 der von den Nationalsozialisten zur Farce degradierte Deutsche Reichstag zu seiner letzten Sitzung zusammen. Wie der Name vermuten lässt, war der klassizistische Bau eigentlich ein Musiktheater, und zwar für knappe vier Jahre, 1927–31, unter der Leitung des Dirigenten Otto Klemperer eines der bedeutendsten der damaligen Musikwelt. Die Außenmauern des vom berühmten Theaterarchitekten Oskar Kaufmann eingerichteten Gebäudes stammten noch aus dem Jahr 1844. Damals eröffnete Joseph Kroll seinen großen Gaststätten- und Konzertkomplex, in dem ein Jahr später schon Johann Strauß mit Orchester gastierte und in dem Albert Lortzing häufig eigene Werke dirigierte. In den folgenden 100 Jahren erlebte der Bau einen Brand, einen Abrissversuch, mehrere Besitzerwechsel und Höhen und Tiefen: von der Sommerbühne des Königlichen Opernhauses bis hin zum Lazarett und Textillager während des Ersten Weltkriegs. Im November 1943 wurde das Gebäude durch Bomben erheblich beschädigt, die Ruinen wurden bis 1957 abgetragen.

men der Sozialdemokraten und in Abwesenheit der verhafteten oder untergetauchten kommunistischen Abgeordneten beschloss der Reichstag am 24. März in seinem provisorischen Sitzungssaal, der Krolloper schräg gegenüber dem ausgebrannten Reichstag, das „Gesetz zur Behebung der Not von Volk und Reich". Die Reichsregierung konnte fortan Gesetze erlassen, ohne das Parlament einzuschalten. Zunächst wurden die Länder mit der Reichsregierung „gleichgeschaltet", indem u.a. die Landesparlamente gemäß der Sitzverteilung im Reichstag neubestimmt wurden; dann schloss das „Gesetz zur Wiederherstellung des Berufsbeamtentums" alle „Nichtarier" und NS-Gegner aus dem Staatsapparat aus. Am 2. Mai wurden die Gewerkschaften verboten und die „Deutsche Arbeitsfront" (DAF) gebildet. Im Juni und Juli wurden die bestehenden Parteien zur Selbstauflösung gedrängt oder – im Falle der SPD – verboten. Die NSDAP wurde per Gesetz zur einzigen Partei in Deutschland. Ihre Einheitsliste erhielt dann auch bei den Reichstagswahlen vom 12. November 1933 92 Prozent aller Stimmen. Im Juni 1934 ließ Hitler als Gegenschlag zum angeblich bevorstehenden „Röhm-Putsch" der

SA zahlreiche parteiinterne Widersacher ermorden, und als er nach dem Tode Hindenburgs am 2. August 1934 auch die Nachfolge als Staatsoberhaupt und Oberbefehlshaber der Wehrmacht antrat, war die Umwandlung Deutschlands in einen totalitären Staat abgeschlossen.

Bei der Wahl zum Berliner Stadtparlament am 12. März 1933 verfehlte die NSDAP mit 38,3 Prozent der Stimmen klar die Mehrheit. Doch das störte nicht weiter: Die Mandate von KPD und SPD wurden einfach gestrichen. Dem Berliner Oberbürgermeister Heinrich Sahm, den seine enge Beziehung zum Reichspräsidenten Hindenburg schützte, setzten die Nationalsozialisten einen Staatskommissar vor die Nase, Julius Lippert, der sofort in der Berliner Beamtenschaft „aufzuräumen" begann: Alle Stadträte und die meisten Bezirksbürgermeister und -stadträte wurden abgesetzt und durch linientreue Männer ersetzt. Auch das Schulwesen wurde auf Pateilinie gebracht, die jüdischen Lehrer wurden entlassen. Nach Sahms Rücktritt 1935 wurde Lippert Oberbürgermeister und 1937 auch Stadtpräsident. 1940 übertrug Goebbels sich selbst die Befugnisse des Stadtpräsidenten, ohne das Amt formell zu übernehmen.

Die Verfolgung von Juden und Andersdenkenden

Die planmäßige Entrechtung, Verfolgung und schließlich Ermordung der deutschen Juden begann mit dem „Boykott" jüdischer Geschäfte im Reich am 1. April 1933. Auch an den Praxen jüdischer Ärzte und den Kanzleien jüdischer Rechtsanwälte hingen Schilder mit der Aufschrift „Achtung Juden, Besuch verboten". Es folgten Berufsverbote und die „Arisierung" jüdischer Firmen, Banken und Geschäfte, indem man die Besitzer zum Verkauf weit unter Wert zwang. Endgültig Bürger zweiter Klasse wurden die Juden mit den „Nürnberger Gesetzen" vom September 1935, die unter anderem die Ehe zwischen Juden und Nichtjuden verbot und von jedem Bewerber auf eine öffentliche Stelle einen „Ariernachweis" verlangte. Nach und nach wurden den Juden immer mehr Rechte verweigert. Bis 1939 emigrierte ein Drittel aller Juden aus Deutschland – und das waren längst nicht so viele, wie die NS-Propaganda suggerierte. 1933 waren 500.000 Deutsche jüdischen Glaubens, ganze 0,77 Prozent der Gesamtbevölkerung. Knapp ein Drittel von ihnen, 160.000, lebte

Ein SA- und ein SS-Mann plakatieren einen Boykottaufruf, April 1933

in Berlin, wo die Juden 3,8 Prozent der Bevölkerung ausmachten. Rund 50.000 gehörten zu den sogenannten „Ostjuden", die in den Jahren seit dem Ersten Weltkrieg aus Osteuropa eingewandert waren und meist in ärmlichen Verhältnissen im „Scheunenviertel" um Grenadier- und Dragonerstraße (heute Almstadt- und Max-Beer-Straße), Hirtenstraße und Schendelgasse lebten.

Die Ausgrenzung der Juden aus dem Wirtschaftsleben kulminierte in der „Reichskristallnacht", heute meist „Reichspogromnacht" genannt, vom 9. auf den 10. November 1938, als in Berlin, wie in ganz Deutschland, jüdische Ladengeschäfte und Institutionen zerstört wurden. Neun der zwölf Berliner Synagogen wurden in Brand gesteckt, 1.200 jüdische Berliner wurden ins Konzentrationslager Oranienburg (Sachsenhausen) verschleppt. Kurz darauf wurde das gesamte Eigentum der deutschen Juden beschlagnahmt. Auch die Berliner Sinti und Roma wurden 1936 aus der Stadt vertrieben, die meisten von ihnen kamen für die nächsten Jahre ins sogenannte „Zigeunerlager" Marzahn.

Am 10. Mai verbrannten nationalsozialistische Studenten auf dem Opernplatz (heute Bebelplatz) vor der Universität Bücher „undeutschen Geistes", die aus öffentlichen Bibliotheken zusammengesammelt worden waren: Werke von Kästner, Tucholsky, der Brüder Mann, Brecht und vielen anderen. Hauptredner der Aktion war Joseph Goebbels, der seit März 1933 als „Reichsminister für Volksaufklärung und Propaganda" amtierte. Er kontrollierte sehr effektiv – durch Drohungen, selten durch Verbote – Presse und Rundfunk und leitete die neugeschaffene „Reichskulturkammer", in der alle „Kunst- und Geistesschaffenden" zusammen-

Ein Erlebnis anderer Art hatte ich in der Steglitzer Schlossstraße. Dort führten ein kleiner, grauhaariger, dünner Mann und seine pummelige Frau ein Papierwarengeschäft, das auch ein wenig Künstlerbedarf anbot. Ich kaufte bei den Leuten seit Jahren Fixativ und Papier, Zeichenstifte und andere Utensilien für meine Liebhaberei. Umgeben von Farbstiften in dekorativen Gestellen, zeigte sich der Ladenbesitzer immer umgänglich. Er ließ mich geduldig die Weichheit der Kreide erproben und tat so, als nähme er mein fachliches Getue ernst. Ob es sich bei dem Ehepaar um Juden oder Nichtjuden handelte, hatte mich nie interessiert.

Im Sommer 1934 ging ich dorthin, um etwas zu kaufen, und sah einen riesigen Davidstern quer über das ganze Schaufenster geschmiert. Dahinter erkannte ich den Besitzer: Schattenhaft, ein wenig gekrümmt stand er hinter dem Ladentisch und blickte traurig zur Straße. Er hatte nichts zu tun. Es kamen keine Kunden. Er erkannte mich. Ich konnte es nicht über mich bringen, vorbeizugehen, und betrat das Geschäft. Als wäre nichts, kaufte ich Zeichenpapier und Bleistifte. [...] Ich verließ den Laden. Da stellte mir jemand ein Bein. „Judenknecht", klang es in meinen Ohren, „Judenknecht!" Ich stolperte, fing mich, hielt krampfhaft meinen Einkauf fest und eilte mit rotem Kopf und langen Schritten um die nächste Ecke in die Markelstraße hinein, damit ich aus dem Blickfeld des Aufpassers geriet. Ich wusste nicht, wie er aussah, ob jung oder alt, ob in Zivil oder in SA-Uniform, und ich war nicht gewiss, ob ich in den Laden gegangen wäre, wenn ich den Mann zuvor bemerkt hätte.

Einige Wochen später geriet ich nicht mehr in Verlegenheit, das Geschäft zu betreten. Den Judenstern hatte man entfernt, den Laden enteignet. Ein Fremder, ein „Arier", stand vor den dekorativ angeordneten Farbstiften. Meine Einkäufe tätigte ich fortan im Kaufhaus des Westens am Wittenbergplatz.

Bernt von Kügelgen, „Die Nacht der Entscheidung. Erinnerungen an Familie und Jugend", 1983

gefasst wurden. Auch die Akademie der Künste war nun „gleichgeschaltet", zahlreiche Mitglieder wurden ausgeschlossen oder traten selbst aus, so Heinrich und Thomas Mann, Leonhard Frank, Käthe Kollwitz, Jakob Wassermann, Franz Werfel, Oskar Kokoschka, Erich Mendelsohn, Max Pechstein, Bruno Taut, Ernst Barlach, Otto Dix, Ernst Ludwig Kirchner, Karl Schmidt-Rottluff und Arnold Schönberg. Es kam zu einem beispiellosen Exodus von Künstlern, Schriftstellern, Theaterleuten und Wissenschaftlern, teils aus politischen Gründen, überwiegend aber, weil sie als Juden um ihr Leben fürchten mussten: Max Reinhardt, Leopold Jessner, Fritz Kortner, Elisabeth Bergner, Curt Bois, Richard Tauber, Otto Klemperer, Bruno Walter, Alfred Kerr, Fritz Lang und Albert Einstein. Viele emigrierten zunächst ins benachbarte Ausland, später weiter nach Amerika oder Großbritannien, Lateinamerika, die Sowjetunion, die Türkei oder China. Nur wenige erstrangige Künstler, die dem System gegenüber kritisch eingestellt waren, blieben in Berlin, darunter der Dirigent Wilhelm Furtwängler sowie die Theaterschauspieler und -intendanten Gustaf Gründgens und Heinrich George. Die Plätze der Emigrierten nahmen meist sogenannte Mitläufer ein, die um der Karriere willen bereitwillig Parteigenossen wurden.

Die planmäßige Ausschaltung der politischen Gegner übernahm die „Geheime Staatspolizei" (Gestapo), die seit 1934 vom SS-Chef Heinrich Himmler und seinem Stellvertreter und Chef des Sicherheitsdienstes (SD) Reinhard Heydrich planmäßig ausgebaut wurde. Das „Gestapo"-Amt, seit 1939 „Reichssicherheitshauptamt" in der Prinz-Albrecht-Straße (heute Niederkirchnerstraße, Stiftung „Topographie des Terrors") wurde zur Zentrale des NS-Polizeistaats.

Doch Berlin war auch das wichtigste Zentrum des deutschen Widerstands. Die ersten Gruppen, die gegen die NS-Herrschaft arbeiteten, kamen aus den Reihen der Kommunisten, der Sozialdemokraten und der

> Seit April 1942 war es Juden laut Verordnung nicht mehr erlaubt, die öffentlichen Verkehrsmittel zu benutzen. [...] Ich fuhr jetzt häufiger ohne Stern. Aber es war riskant. Ich kannte die Berichte über Juden, die ohne Stern und Ausweis in eine Razzia geraten waren. Man hatte sie in die Große Hamburger Straße gebracht und von dort aus gleich abtransportiert in eines der Lager. Es gab eine Menge solcher Fälle
> *Ruth Winkelmann, „Plötzlich hieß ich Sara", 2011*

Die Verbrennung „undeutscher Schriften" am 11. Mai 1933 auf dem Opernplatz

Gewerkschaften. Und obwohl viele Widerständler bald entdeckt oder zum Stillhalten gezwungen wurden, bildeten junge Regimegegner immer wieder neue Gruppen wie die „Rote Kapelle" um Arvid Harnack und Harro Schulze-Boysen, die die Gestapo im August 1942 zerschlug, oder die jüdisch-kommunistische Gruppe um Herbert Baum. Gegen den parteitreuen Kurs der evangelischen „Deutschen Christen" wandte sich die „Bekennende Kirche", deren wichtigstes Zentrum anfangs die Dahlemer Gemeinde bildete. Ihr führender Kopf, Pastor Martin Niemöller, wurde 1937 verhaftet und erst 1945 aus dem KZ Dachau befreit. Der evangelische Pastor Dietrich Bonhoeffer und der katholische Dompropst Bernhard Lichtenberg bezahlten ihren Widerstand mit dem Leben.

Erst spät begann auch in nationalkonservativen und in Militärkreisen, die Hitler durch einen „heiligen" Eid an sich gebunden hatte, der Widerstand. Ein Beispiel für die Zusammenarbeit über alle weltanschaulichen und politischen Differenzen hinweg ist der „Kreisauer Kreis", dessen Angehörige sich 1940–44 auf dem Gut der Moltkes, Kreisau in Schlesien, oder bei Peter Graf Yorck von Wartenburg in der Hortensienstraße in Lichterfelde trafen, um Grundsätze für ein „Deutschland nach Hitler" zu erarbeiten. Zu ihnen gehörten Juristen wie Helmuth James Graf Moltke ebenso wie die SPD-Politiker Julius Leber und Carlo Mierendorff.

Seit Anfang 1943 arbeiteten Widerständler in der Wehrmacht auf die Ausschaltung Hitlers hin. Nach vielen vergeblichen Anläufen kam es schließlich am 20. Juli 1944 im ostpreußischen Führer-Hauptquartier zum missglückten Bombenattentat des Obersten Claus Schenk Graf von Stauffenberg auf Hitler. Hitler nahm furchtbare Rache: Rund 200 Menschen wurden im Zusammenhang mit dem Attentat vom 20. Juli hingerichtet. Stauffenberg und einige Mitverschwörer wurden im Hof des Bendlerblocks, wo sich in den Räumen des Allgemeinen Heeresamtes und des Befehlshabers des Ersatzheeres die Zentrale des Umsturzversuchs befand, standrechtlich erschossen. In den historischen Räumen an der jetzigen Stauffenbergstraße befindet sich heute die Gedenkstätte Deutscher Widerstand. Die „Verhandlungen" gegen weitere Verschwörer führte der Volksgerichtshof unter seinem Vorsitzenden Roland Freisler im Kammergericht am Kleistpark, die meisten Urteile wurden in der Hinrichtungsstätte Plötzensee vollstreckt.

Passanten vor einer zerstörten Schaufensterfront am Tag nach der „Kristallnacht", 10. November 1938

Polizisten durchsuchen Passanten nach Waffen, am 3. März 1933 in der Kösliner Straße im „roten" Wedding

Beim Kampf gegen die Arbeitslosigkeit erwiesen sich die Nationalsozialisten als sehr erfolgreich. Was ihre Propaganda allerdings verschwieg, war die Erholung der Weltwirtschaft, die sich schon vor 1933 abgezeichnet hatte und deren Effekt ihnen nun wie eine reife Frucht in den Schoss fiel. Zudem standen die Arbeitsbeschaffungsprogramme im Bauwesen und in der Wiederaufrüstung finanziell auf tönernen Füßen, ihr Zusammenbrechen verhinderte nur der Zweite Weltkrieg. Für Berlin bedeutete die NS-Wirtschaftspolitik das Ende vieler Kleinbetriebe in der Innenstadt, während die großen Werke in den Außenbezirken expandierten oder Teile ihrer Fertigung an andere Standorte in Deutschland verlagerten. Bis zu 10.000 Berliner fanden zeitweise Arbeit beim Bau des Berliner Autobahnrings, in den Autobahnen aus sechs Richtungen einmünden.

Zu einem enormen propagandistischen Erfolg im In- und Ausland wurden die Olympischen Spiele 1936, die bereits 1930 nach Berlin vergeben worden waren – auch nach 1933 blieb das Internationale Olympische Komitee (IOC) gegen heftige Proteste in aller Welt bei seiner Entscheidung. Während der zwei olympischen Wochen herrschte in Berlin eine friedliche, internationale Stimmung, die via Rundfunk und Fernsehen in alle Welt verbreitet wurde. Erstmals berichtete das Fernsehen in größerem Umfang, in 28 öffentlichen Fernsehstuben konnten die Berliner die ersten Live-Übertragungen der Welt verfolgen. 17 Goldmedaillen gingen an Berliner Sportler – die gesamte amerikanische Mannschaft brachte es nur auf 35.

Kaum waren die ausländischen Besucher abgereist, ging der Staatsterror unvermindert weiter. 1937 fand das erste Internationale Stadionfest (ISTAF) statt, 1938 richtete Berlin die erste Handball-Weltmeisterschaft aus. Zu den Olympischen Spielen entstanden das Olympiastadion, die Anlagen des Reichssportfeldes und die heutige Waldbühne, zum 50. Geburtstag des „Führers" 1939 folgte die repräsentative Anlage der großen Ost-West-Achse vom Brandenburger Tor bis zum Olympiastadion. Die Siegessäule wurde hierfür von ihrem angestammten Platz vor dem Reichstag auf den Großen Stern umgesetzt.

Über die ganze Stadt verteilt entstanden große Bürobauten im neoklassizistischen Stil, so am Fehrbelliner Platz und am Kleistpark (hier wurden die Reichsautobahnen geplant), außerdem an der Wilhelmstraße das Luftfahrtministerium (heute Bundesfinanzministerium), die Deutschlandhalle auf dem Messegelände und der Zentralflughafen

Das Olympiastadion

Der weltweit größte Propaganda-Erfolg gelang den Nationalsozialisten mit den Olympischen Sommerspielen 1936 in Berlin. Es waren Bilder friedlicher Spiele, die in Zeitungsartikeln, Rundfunkreportagen und auch schon Fernsehberichten, in Fotos und Filmen um die Welt gingen. Geografisches Zentrum der Spiele bildete das Olympiastadion, das nach Plänen des Architekten Werner March 1934–36 entstand – am Ort des „Deutschen Stadions", das sein Vater Otto March entworfen hatte. 1912/13 als größtes Sportstadion der Welt (für 40.000 Zuschauer) erbaut, hatte es die zentrale Wettkampfstätte für die VI. Olympischen Sommerspiele 1916 werden sollen. Sie fielen kriegsbedingt aus. Für Olympia 1936 entstanden zahlreiche weitere Sportstätten, die Waldbühne (für 25.000 Besucher) und ein riesiges Aufmarschgelände, das Maifeld, in unmittelbarer Nähe des Stadions. Nach dem Zweiten Weltkrieg waren die Anlagen des Reichssportfeldes den britischen Besatzungskräften vorbehalten. Das Olympiastadion selbst, für die Fußball-Weltmeisterschaft 2006 saniert und mit einem Tribünendach versehen, wird heute für Sportveranstaltungen, Rockkonzerte und alle zwei Wochen für die Heimspiele des Fußball-Bundesligisten Hertha BSC genutzt. Außerdem wird hier alljährlich das Finale des DFB-Pokals ausgetragen.

Hitler zieht zur Eröffnung der Olympischen Spiele ins Stadion ein. Neben ihm die Präsidenten des IOC und des Organisationskomitees, 1. August 1936

Tempelhof, noch heute der größte Gebäudekomplex Europas (1935–41). Gemeinsam mit seinem „Generalbauinspektor" Albert Speer, von dem auch die (kriegszerstörte) Neue Reichskanzlei stammte, entwarf Hitler Pläne für eine repräsentative Hauptstadt, der große Teile Berlins zum Opfer gefallen wären und die er bei einer Tischrede einmal als „Welthauptstadt", bei einer anderen Gelegenheit als „Germania" bezeichnete. Der so oft zu lesende Begriff „Welthauptstadt Germania" taucht weder bei Hitler noch in den Planungen auf.

Eine von riesenhaften Büro- und Kulturbauten gesäumte, 150 Meter breite Nord-Süd-Achse sollte im Spreebogen an der „Großen Halle" enden, die als größtes Bauwerk der Welt den benachbarten Reichstag zum Spielzeug degradiert hätte. 180.000 Menschen sollten unter der 320 Meter hoch aufragenden Kuppel Platz finden – die Ingenieure hatten schon ausgetüftelt, wie man die Wolkenbildung im oberen Teil der Kuppel verhindern könnte! Die Abrissarbeiten im Spreebogen (Alsenviertel) und im Viertel um die Matthäuskirche begannen 1938, ab 1942 setzten die alliierten Bomben die Zerstörungen fort.

Eine Hinterlassenschaft der Speer'schen Hauptstadtplanung ist das Botschaftsviertel am Südrand des Tiergartens, und auch der Stadtring der Autobahn geht auf Pläne Speers zurück. Das einzige realisierte städtische Verkehrsprojekt ist der Nord-Süd-Tunnel der S-Bahn zwischen Anhalter Bahnhof und Stettiner Bahnhof (heute Nordbahnhof), der 1939 fertiggestellt wurde. Dagegen verharrte der Wohnungsbau, verglichen mit den 20er-Jahren, auf niedrigem Niveau, sodass die Wohnungsnot in Berlin groß blieb.

Berlin im Zweiten Weltkrieg

Als Hitler am 1. September 1939 vor den Reichstagsabgeordneten in der Krolloper den Kriegsbeginn als Vergeltungsaktion gegen Polen bekanntgab („Seit 5.45 Uhr wird jetzt zurückgeschossen ..."), fühlten die allermeisten Berliner vor den Radios oder öffentlichen Lautsprechern wenig Begeisterung. Zu frisch war vielen die Erinnerung an den Ersten Weltkrieg.

Das Leben in der Stadt änderte sich schlagartig. Bereits am ersten Abend wurde Verdunkelung angeordnet, und sie blieb allnächtlicher Normalzustand, obwohl schnell klar war, dass Berlin zunächst nicht zum Ziel von Bombenangriffen werden würde. Lebensmittel und andere Verbrauchsgüter wurden rationiert und nur noch gegen Bezugskarten abgegeben. Obwohl es nur gelegentlich zu Versorgungsengpässen kam, lief im Frühjahr 1940 eine Kampagne an, brachliegende Landreserven in der Stadt zu bestellen. Parkanlagen wurden umgepflügt, selbst auf dem Gendarmenmarkt wurden während des Kriegs Kartoffeln angebaut. Autos durften nur noch zu dienstlichen oder gewerblichen Zwecken benutzt werden; zahlreiche Autobuslinien wurden, um Benzin zu sparen, eingestellt. Und auf Alkohol und Zigaretten wurde ein 20-prozentiger Zuschlag erhoben. In den Fabriken herrschte Arbeitermangel, deshalb wurden die Frauen, entgegen den NS-Idealen, von Heim und Herd weg in die Produktion geholt. Die Hitlerjugend brachte Tausende Schüler zum Landdienst, 1940 wurde für Schulabgänger ein Jahr „Landarbeitslehre" eingeführt. Ständig wurden Spenden gesammelt, in Geld und in Metallen. Der „Führer" ging mit gutem Beispiel voran und ließ die Bronzetore der Neuen Reichskanzlei durch Holztore ersetzen.

Um den Arbeitskräftemangel zu beheben, wurden Arbeiter aus dem besetzten Ausland angeworben, später dann zwangsverpflichtet. Vor

Passanten in der Tauentzienstraße beobachten, wie die Fassade eines ausgebombten Hauses zum Einsturz gebracht wird, Januar 1944

allem „Ostarbeiter" aus Polen und Russland wurden in Barackenlagern untergebracht.

Seit dem 30. April 1939 mussten die jüdischen Berliner ihre Wohnungen verlassen und wurden in sogenannten „Judenwohnungen" oder „Judenhäusern" ghettoisiert. Ihr Leben wurde immer stärker reglementiert: Sie mussten ihre Radiogeräte abliefern, durften keine privaten Telefone mehr besitzen, mussten seit Ende 1941 den „Judenstern" tragen und wurden durch zahlreiche Erlasse weiter ausgegrenzt. Am 31. Juli 1941 beauftragte Göring Reinhard Heydrich, den Leiter des Reichssicherheitshauptamtes, mit der „Endlösung der Judenfrage", und seit dem 18. Oktober 1941 wurden Juden aus Berlin „evakuiert". Sie wurden aus ihren Wohnungen in Sammellager gebracht, wo sich Mitglieder der jüdischen Gemeinde um sie kümmerten, und dann von den Güterbahn-

Als ich in die Budapester Straße einbog, hörte ich einige Schüsse. Ich achtete zuerst nicht darauf, doch dann feuerte ein Maschinengewehr in nächster Nähe, und ich suchte im Eingang des Romanischen Cafés Schutz. Jemand neben mir rief: „Feindliche Fallschirmjäger!" Dann herrschte wieder Stille, die aber plötzlich von einem herzzerreißenden, durchdringenden, unmenschlichen Geheule unterbrochen wurde. Ich blickte auf. Mitten auf der Straße kam ein Rudel Hunde auf die Kirche zugelaufen. Einer war blutüberströmt und kam nicht mit. Weiter in der Ferne galoppierten zwei Zebras heran, die offensichtlich völlig durcheinander waren, und hinter ihnen kam eine riesige Giraffe. Eine weitere Salve, und die Giraffe sank in die Knie und war tot. Die Leute, die neben mir Schutz gesucht hatten, standen jetzt wieder auf den Füßen. „Da kommen Wölfe", rief jemand. „Hyänen!", rief ein anderer. Auch diese wurden von SS-Leuten niedergemäht, die an der Straßenecke Stellung genommen hatten.
Beim letzten Luftangriff waren Bomben in den wenige hundert Meter entfernten Zoologischen Garten gefallen. Einige Tiere waren durch Türen entkommen, die beim Angriff aufgegangen waren. Andere, die in Freigehegen gehalten wurden, waren in Panik geraten. Irgendwie war es ihnen gelungen, über den breiten Graben zu entkommen, der sie vom Publikum trennte. [...] Die Maschinengewehrschützen hatten sie innerhalb weniger Minuten erschossen, nur ein einsamer Orang-Utan war ihnen entkommen. Mit der Vorsicht eines erfahrenen Straßenkämpfers rannte er an den Häuserwänden entlang, von Deckung zu Deckung, und verschwand schließlich in den Ruinen der Gedächtniskirche. Ich schaute der Szene fasziniert zu. Meine Sympathie gehörte dem Affen, und ich seufzte erleichtert, als er verschwand. Die Menge begann sich zu zerstreuen, obwohl Gerüchte umliefen, dass es in dem Viertel noch nicht sicher sei, da sich angeblich Tiger und Giftschlangen in den Ruinen verborgen hielten.
Walter Laqueur, „Jahre auf Abruf", 1982

höfen Grunewald und Putlitzstraße aus in die Arbeits- und Vernichtungslager im Osten oder ins „Altersghetto" Theresienstadt transportiert. Erst drei Monate später, am 20. Januar 1942, kamen auf Einladung Heydrichs 14 leitende Vertreter verschiedener Ministerien und Behörden zu einer „Besprechung mit anschließendem Frühstück" in der Villa Am Großen Wannsee 56–58 (heute „Haus der Wannseekonferenz") zusammen, um über die organisatorische Durchführung der Deportation und Ermordung der Juden Europas zu beraten.

Die in kriegswichtigen Betrieben beschäftigten Juden wurden ab 1943 ebenfalls abtransportiert und durch polnische Zwangsarbeiter ersetzt. Der einzige erfolgreiche größere Protest gegen die Deportation erfolgte im März 1943 vor dem Sammellager in der Rosenstraße, wo viele Hundert Frauen schließlich die Freilassung von etwa 1.500 jüdischen Ehepartnern, Verlobten und Kindern erreichten.

Bis kurz vor Kriegsende gingen monatliche Transporte vor allem nach Auschwitz – mit immer weniger Passagieren. Lebten im Herbst 1941 noch 73.000 Juden in Berlin, so waren es im März 1945 nicht einmal mehr 6.000. Die meisten von ihnen waren durch „arische" Ehepartner geschützt. Die Zahl der jüdischen Berliner, die in Verstecken überleben konnten, schätzt man auf 1.400.

Nachdem die deutsche Luftwaffe im August 1940 die Londoner Innenstadt mehrmals bombardiert hatte, forderte die öffentliche Meinung in Großbritannien Vergeltungsangriffe. Und so kam es in der Nacht zum 26. August 1940 zum ersten Luftangriff auf Berlin. Die Bomben der 81 Flugzeuge trafen vor allem Reinickendorf, Pankow und Lichtenberg.

Das letzte Aufgebot: Volkssturmmänner heben einen Panzergraben am Stadtrand aus, Februar 1945

Alltagsleben in der Oranienstraße nach dem Bombenangriff vom 3. Februar 1945

Berlin lag an der Grenze der Reichweite britischer Bomber, und doch gab es bis zum 30. September 1940 schon 515 Bombentote in Berlin. Die Jahre 1941 und 1942 verliefen vergleichsweise ruhig, im ganzen Jahr 1942 gab es in Berlin nur neunmal Fliegeralarm. Allerdings versank der Potsdamer Platz schon im September 1941 in Schutt und Asche. Nach einigen schweren Angriffen im März 1943, bei denen etwa 700 Berliner ihr Leben verloren, begann im Herbst 1943 die „Schlacht um Berlin". Nachdem die englischen und amerikanischen Bomber Hamburg in ein Ruinenfeld mit mehr als 30.000 Toten verwandelt hatten, wandten sie sich Berlin zu. Zwischen dem 18. November 1943 und Ende März 1944 wurden über 8.000 Menschen getötet, 250.000 wurden obdachlos. Zahlreiche Wohnviertel und bedeutende Gebäude waren zerstört. Aber nicht einmal die Hälfte der als kriegswichtig eingestuften Industrieziele wurde schwer getroffen – die Rüstungsindustrie lief weiter auf Hochtouren.

Zwei Monate nach der Invasion in der Normandie (im Juni 1944) begannen die zahllosen Nachtangriffe der britischen Schnellbomber vom Typ „Moskito", die wenig Schaden anrichteten, aber die Nerven der Bevölkerung strapazierten. Am 6. Oktober 1944 flogen die Amerikaner ihren ersten Großangriff mit 1.250 viermotorigen Fernbombern. Der nur

Die Unterzeichnung der Kapitulation am 8./9. Mai 1945 in Karlshorst. Links am Tisch der sowjetische Marschall Schukow, am Kopfende Feldmarschall Keitel

knapp 30 Minuten dauernde Angriff richtete große Schäden vor allem in Spandau an; seit Februar 1945 wurde Berlin nahezu pausenlos von Süden und Westen her angegriffen. Das Heulen der Sirenen und die Detonation der Bomben erfüllten nun auch die Tage, die Versorgung mit Wasser, Strom und Gas brach zusammen. Große Teile von Mitte und Kreuzberg fielen in Schutt und Asche: die Altstadt, das Schloss, der Anhalter Bahnhof; im März traf es die Gebiete um den Schlesischen und den Stettiner Bahnhof.

Insgesamt fanden etwa 50.000 Menschen in Berlin durch den Luftkrieg den Tod, 28,6 Quadratkilometer wurden in ein Ruinenfeld verwandelt. Die Stadt verlor 39 Prozent ihres Wohnungsbestands, der Bezirk Mitte sogar 70 Prozent. 612.000 Wohnungen wurden völlig zerstört. Dagegen waren rund 65 Prozent aller Industrieanlagen in Berlin bei Kriegsende in betriebsfähigem Zustand.

Nach der Zerstörung Hamburgs im August 1943 leitete Goebbels als Gauleiter von Berlin eine Evakuierung obdachlos gewordener Berliner in die Wege, die nicht bei kriegswichtigen Arbeiten eingesetzt waren. Bis Anfang 1945 wurden etwa eine Million Städter, vor allem Frauen und Kinder, in die „Aufnahmegaue" Brandenburg, Ostpreußen und den

Im November zeigte sich, dass Herrn Lindenbergs Laube nicht winterfest war. [...] Die Nächte wurden jetzt so frostig, dass sich das Eis von innen an Fenster und Wände legte. Ohne Eddi, mein Heizöfchen, an das ich mich kuscheln konnte, hätten wir beide vor Kälte nicht schlafen können. So ging es gerade noch einigermaßen. Wenn wir morgens in die Küche kamen, war das Wasser im Eimer gefroren. Leitungswasser gab es nicht, bloß die Pumpe im Garten. Für die kleinste Katzenwäsche mussten wir den eisernen Herd anfeuern, um das Eis aufzutauen. Brennmaterial war knapp. Dabei wurde der Raum trotzdem kaum wärmer.
Ruth Winkelmann, die den Winter 1943/44 mit ihrer Schwester Eddi und ihrer Mutter in einer Laube in Reinickendorf überlebte

Warthegau evakuiert. Bereits seit 1940 lief die sogenannte Kinderlandverschickung, bei der Kinder und Jugendliche klassenweise aus den Großstädten aufs Land „verschickt" wurden; seit 1943 konnten Mütter ihre Kinder begleiten.

Nachdem Goebbels am 18. Februar 1943 im Sportpalast den „totalen Krieg" ausgerufen hatte, wurden alle Männer zwischen 16 und 65 Jahren eingezogen, die 15-jährigen Schüler wurden als Flakhelfer eingesetzt. Alle nicht kriegswichtigen Betriebe und Gaststätten wurden geschlossen. Im Laufe des Jahres 1944 wurde der Unterricht in den Schulen bis auf die „Flakhelferklassen" ganz eingestellt, seit dem 1. September 1944 blieben sämtliche Theater und Konzerthäuser geschlossen.

Als die sowjetische Front die Oder erreichte, erklärte die NS-Führung Berlin am 1. Februar 1945 zum „Verteidigungsbereich", der zur „Festung" ausgebaut werden sollte. Berlin innerhalb des S-Bahn-Rings wurde zur inneren von drei Verteidigungszonen erklärt, das Regierungsviertel als „Zitadelle" befestigt. Brücken wurden zur Sprengung vorbereitet, Zufahrtsstraßen verbarrikadiert, Schanzen aufgebaut. Das in Berlin verbliebene Militär wurde von den von Osten zurückströmenden Wehrmachtseinheiten, vor allem aber vom „Volkssturm" unterstützt, zu dem Kinder und alte Leute rekrutiert wurden. Mit Durchhalteparolen und falschen Informationen über Gefechtslage, Wunderwaffen und herannahende Armeen schickte man Tausende schlecht Ausgerüstete in sinnlose Kämpfe gegen die sowjetische Armee. Wer sich absetzen wollte, wurde von fanatischen SS-Leuten noch in den allerletzten Kriegstagen als Deserteur am Straßenbaum oder Laternenpfahl aufgehängt.

Die Aufforderung zur Kapitulation am 23. April, als die Sowjets bereits in den Berliner Außenbezirken standen, lehnte die NS-Führung ab. Der „Werwolfsender" meldete: „Deutsche Truppen marschieren aus dem Westen in die Schlacht um Berlin [...]. Damit bekundet das Reich seine Entschlossenheit, Berlin um jeden Preis zu verteidigen, um zu verhindern, dass es vom asiatischen Sturm überflutet wird. Es kann kein Zweifel darüber bestehen, dass die kommenden Tage, ja Stunden die entscheidende Wende in diesem Kampf bringen werden."

Doch der Entsatz kam nicht, die Sowjets eroberten in verlustreichen Straßenkämpfen Stück für Stück die Stadt. Als am 30. April nur noch ein kleines Gebiet um die Reichskanzlei in deutscher Hand war, begingen Hitler und Goebbels im Bunker der Reichskanzlei Selbstmord. Am 2. Mai 1945 endlich unterzeichnete der Stadtkommandant, General Helmuth Weidling, in einer Wohnung am Schulenburgring in Tempelhof gegenüber dem sowjetischen General Wassili Tschuikow die Kapitulation der deutschen Truppen in Berlin. Die Rote Armee nahm 134.000 deutsche Soldaten gefangen. In der Nacht vom 8. auf den 9. Mai 1945 unterzeichneten die Militärs Keitel, von Friedeburg und Stumpff, wie schon am Tag zuvor in Reims, im sowjetischen Hauptquartier in Berlin-Karlshorst gegenüber Marschall Georgi Schukow die bedingungslose Gesamtkapitulation der deutschen Wehrmacht.

Der britische Premierminister Winston Churchill nach dem Besuch der kriegszerstörten Reichskanzlei am 16. Juli 1945

ALLIED

1945–1990
Die geteilte Stadt

Die ersten Nachkriegsjahre

„Es war ein infernalisches Bild. Brände, Trümmer, umherirrende hungrige Menschen in zerfetzten Kleidern. Ratlose deutsche Soldaten, die nicht mehr zu begreifen schienen, was vor sich ging. Singende, jubelnde und oft auch betrunkene Rotarmisten. Gruppen von Frauen, die unter Aufsicht von Rotarmisten Aufräumungsarbeiten leisteten. Lange Reihen von Menschen, die geduldig vor Pumpen standen, um einen Eimer Wasser zu erhalten. Alle sahen schrecklich müde, hungrig, abgespannt und zerfetzt aus. Viele Menschen trugen weiße Armbinden als Zeichen der Kapitulation oder rote als Begrüßung für die rote Armee." So erinnert sich der Publizist Wolfgang Leonhard an den 2. Mai 1945, als er mit der „Gruppe Ulbricht" aus der Moskauer Emigration nach Berlin zurückkehrte.

Etwa 2,8 Millionen Menschen lebten im Mai 1945 in Berlin, anderthalb Millionen weniger als bei Kriegsbeginn. Doch Monat für Monat strömten nun Hunderttausende Flüchtlinge und Vertriebene aus den Gebieten östlich von Oder und Neiße in die Stadt. Berlin war ein Ruinen-

Gemüseanbau im Tiergarten 1947

Verteilung von Winterkartoffeln 1946

feld, auf großen Plätzen wie dem Alexanderplatz und an der Gedächtniskirche wurden Kartoffeln und Gemüse angebaut, der Tiergarten war Ackerland, Bäume wurden als Heizmaterial abgeholzt. Die Wasser-, Strom- und Gasversorgung war in weiten Teilen der Stadt zusammengebrochen, die Abwässer flossen in Seen und Flüsse, Bombenkrater verwandelten sich in Mülldeponien, Krankheiten grassierten, Seuchen drohten. Der Schwarzmarkt blühte, die Jugendkriminalität uferte aus, die Städter fuhren zu „Hamsterfahrten" aufs Land, um Nahrungsmittel zu organisieren. In der Stadt wurden Lebensmittel nur gegen Karten ausgegeben, die Versorgungslage war schwierig, ebenso die Wohnsituation. Internationale Hilfsprogramme und -verbände wie Care oder das Rote Kreuz sandten Kleidung und Lebensmittel in großen Mengen in die Stadt und sicherten damit vielen Berlinern das Überleben. Viele Männer waren gefallen oder in Gefangenschaft, und so waren es vor allem die „Trümmerfrauen", die den Ruinenschutt beseitigten und die Straßen freiräumten. Presse und Rundfunk, Telefon und Post kamen erst im Laufe des Sommers wieder in Gang. Ganze 115 zivile Autos waren im Juni 1945 in Berlin zugelassen.

erste freie Wahlen in Gesamt-Berlin

Währungsreform, Blockade West-Berlins, für den Ostteil der Stadt wird ein eigener Magistrat gewählt, Ost-Berlin wird Hauptstadt der DDR

Volksaufstand am 17. Juni in Ost-Berlin

Studentenproteste in West-Berlin

Mauerbau

1940 1946 1948/49 1950 1953 1960 1961 1967/68

Die Versorgungslage blieb noch für einige Jahre katastrophal – im strengen Winter 1946/47 starben über 1.100 Berliner an Entkräftung oder erfroren in ihren Ruinenbehausungen.

Seit Ende April 1945 hielt die Rote Armee die Kontrolle über Berlin, und nachdem es im ersten Siegestaumel zu schweren Ausschreitungen sowjetischer Soldaten gegenüber der deutschen Zivilbevölkerung, zu Vergewaltigungen und Plünderungen gekommen war, begannen sich die Sowjets unter dem Stadtkommandanten Generaloberst Nikolai Bersarin als Ordnungsmacht zu etablieren. Erst Anfang Juli rückten amerikanische und britische Truppen in die Stadt, um vertragsgemäß ihre Sektoren in Besitz zu nehmen; im August folgten die Franzosen.

Lange vor Kriegsende schon, im September und November 1944, hatten sich Amerikaner, Sowjets und Briten in London auf die Übernahme der obersten Gewalt in Deutschland geeinigt. Deutschland sollte innerhalb der Grenzen von 1937 in Besatzungszonen aufgeteilt werden; das „besondere Berliner Gebiet" sollte gemeinsam besetzt und verwaltet werden. Frankreich trat dem Abkommen als vierte Siegermacht am 1. Mai und am 26. Juli 1945 bei. Die „Potsdamer Konferenz", zu der vom 17. Juli bis zum 2. August 1945 Stalin, US-Präsident Truman und der britische Premier Churchill, der während der Konferenz nach seiner Wahlniederlage von Clement Attlee abgelöst wurde, im Potsdamer Schloss Cecilienhof zusammenkamen, blieb für den Status Berlins ohne Bedeutung.

Die Besatzungsmächte sollten ihre Besatzungszonen weitgehend selbstständig verwalten, die „Deutschland als Ganzes betreffenden Angelegenheiten" sollten im Alliierten Kontrollrat geregelt werden, der seinen Sitz in Berlin, im Kammergericht am Kleistpark, nahm. Der Kontrollrat musste einstimmig entscheiden, und jedes Mitglied besaß ein Vetorecht. In Berlin übte die „Alliierte Kommandantur", der die vier Stadtkommandanten der Besatzungsmächte angehörten, die oberste Gewalt aus; die

Stadt blieb also als Ganzes erhalten. Bei der ersten Sitzung am 11. Juli 1945 fasste die Kommandantur, die als Sitz das heutige Präsidialamt der Freien Universität in der Kaiserswerther Straße in Dahlem bezog, den Beschluss, alle bislang von den Sowjets erlassenen Anordnungen einstweilen in Kraft zu lassen und weitere Verfügungen nur einstimmig zu fassen. Die Sowjets konnten somit durch ihr Veto verhindern, dass auch nur eine ihrer Maßnahmen zurückgenommen wurde. Dazu gehörten die Etablierung des sowjetischen Hauptquartiers in Berlin-Karlshorst (wo es bis 1963 blieb) und erster Zentralverwaltungen für die Sowjetische Besatzungszone (SBZ) in Berlin. So entwickelte sich der Ostteil der Stadt entgegen den alliierten Bestimmungen zum Verwaltungszentrum der SBZ und später zur Hauptstadt der DDR.

Der amerikanische Sektor umfasste die Bezirke Zehlendorf, Steglitz,

Erste Gewerkschaftswahlen in einer Fleischwarenfabrik in Britz, Januar 1946

Schöneberg, Kreuzberg, Tempelhof und Neukölln, der britische Tiergarten, Charlottenburg, Wilmersdorf und Spandau, die Franzosen übernahmen den Wedding und Reinickendorf. Die Bezirke Mitte, Prenzlauer Berg und Friedrichshain, Pankow, Weißensee, Lichtenberg, Köpenick und Treptow verblieben den Sowjets. Die Westsektoren umfassten 480 Quadratkilometer mit 1,8 Millionen Einwohnern, der sowjetische Sektor 403 Quadratkilometer mit 1,1 Millionen Einwohnern. Die zwei Monate ihrer alleinigen Besatzung wussten die Sowjets zu nutzen. „Es muss demokratisch aussehen, aber wir müssen alles in der Hand haben", war die Devise der für den Neuaufbau zuständigen „Gruppe Ulbricht". Am 17. Mai setzte Stadtkommandant Bersarin einen Magistrat mit dem parteilosen Architekten Arthur Werner als Oberbürgermeister ein. Von den 18 Magistratsmitgliedern gehörten (nach den Parteigründungen im Juni) sechs der KPD, drei der SPD und zwei der CDU an, sieben blieben parteilos. Wichtigster Mann war der Kommunist und spätere DDR-Innenminister

Wilhelm Pieck

Erster Berliner Ehrenbürger nach dem Kriegsende wurde am 3. Januar 1946, an seinem 70. Geburtstag, Wilhelm Pieck, den man heute vor allem als „freundlichen Grußonkel" des ersten DDR-Jahrzehnts in Erinnerung hat. 1946 zum Ko-Parteivorsitzenden der SED und 1949 zum Präsidenten der DDR gewählt, konnte er aufgrund seiner angegriffenen Gesundheit bald nur noch repräsentative Aufgaben wahrnehmen und überließ die politische Führung Walter Ulbricht. Dabei hatte Pieck eine lange politische Karriere hinter sich. Schon früh engagierte er sich in der SPD und der Gewerkschaft. 1910 kam der damals 34-jährige Schreiner nach Berlin, um in der Parteiführung zu arbeiten. 1916 war er einer der Mitgründer der Spartakusgruppe, 1918 als Mitglied im „Vollzugsausschuss der revolutionären Obleute" einer der Hauptorganisatoren der Novemberrevolution. Am 15. Januar 1919 wurde er gemeinsam mit Karl Liebknecht und Rosa Luxemburg in ihrer illegalen Wohnung in Wilmersdorf verhaftet, doch gelang ihm wenig später mit viel Glück die Flucht aus dem Eden-Hotel am Tiergarten. Bis 1933 war Pieck mehrere Jahre Mitglied des Preußischen Landtags und KPD-Fraktionsvorsitzender in der Berliner Stadtverordnetenversammlung (als Gegenspieler Goebbels') sowie Leiter des größten deutschen KPD-Bezirks, Berlin-Brandenburg. 1935 übernahm er im Moskauer Exil die Führung der Partei an Stelle des inhaftierten Ernst Thälmann. Im Westteil Berlins wurde der Name Pieck schon im Dezember 1946 wieder aus der Ehrenbürgerliste gestrichen, gemeinsam mit Hitler, Goebbels und Göring. Bei der Wiederherstellung der Ehrenbürgerliste 1992 durch Senat und Abgeordnetenhaus wurde er nicht wiederaufgenommen.

Ein Zeitungsstand in der Prenzlauer Allee/Ecke Wichernstraße 1949

Karl Maron als stellvertretender Oberbürgermeister, als Volksbildungsstadtrat amtierte der spätere DDR-Außenminister Otto Winzer (KPD), das Medizinalwesen leitete der Chirurg Ferdinand Sauerbruch (CDU), das Stadtplanungs- und Bauwesen Hans Scharoun (parteilos). Der Magistrat unterstand den Weisungen zunächst des sowjetischen Stadtkommandanten, seit Juli der Alliierten Kommandantur.

Alle Beamtenverhältnisse wurden aufgelöst, NSDAP-Mitglieder aus der Verwaltung und der Justiz entlassen – die letzten Entnazifizierungsverfahren liefen bis Mitte 1949. Der aus Moskau zurückgekehrte Paul Markgraf baute als Polizeipräsident die Berliner Polizei neu auf.

Am 11. Juni wurde die KPD als erste Partei wiedergegründet, am 15. Juni folgte die SPD, am 26. Juni die Christlich-Demokratische Union Deutschlands (CDU), am 5. Juli die Liberal-Demokratische Partei Deutschlands (LDP).

Zunächst drängte die SPD auf die Einheit der Arbeiterklasse. Die KPD, der die sowjetischen Militärbehörden von Anbeginn die Führungsrolle zugewiesen hatte, setzte auf ihre eigene Kraft. Als ihre Mitgliederzahlen in Berlin und in der SBZ aber weit hinter den Erwartungen zurückblieben und die Sozialdemokraten wesentlich mehr Zulauf erhielten, begannen auch die Kommunisten und die sowjetische Militärregierung, auf die Vereinigung der beiden Arbeiterparteien hinzuarbeiten. Und während die Sozialdemokraten noch forderten, die künftigen Parteigremien gemäß der Stärke der zu fusionierenden Parteien zu bestimmen, ließ die KPD die Orts- und Kreisverbände in der SBZ mithilfe der Sowjets kurzerhand zwangsvereinigen. Daraufhin ergab eine Urabstimmung der Berliner SPD-Mitglieder am 31. März 1946, die nur in den zwölf Bezirken der Westsektoren durchgeführt werden durfte (die Wahllokale in den acht östlichen Bezirken wurden von sowjetischen Militärstreifen geschlossen, die Wahlurnen beschlagnahmt), eine Mehrheit von 19.529 zu 2.937 Stimmen (= 82,2 Prozent) gegen die Fusion. Dennoch ließ sich die Gruppe um Otto Grotewohl, den Vorsitzenden des SPD-Zentralausschusses (de facto Parteivorsitzenden für die SBZ), am 21. und 22. April 1946 im Admiralspalast nahe dem Bahnhof Friedrichstraße mit der KPD zur Sozialistischen Einheitspartei Deutschlands (SED) vereinigen. Grotewohl und Wilhelm Pieck wurden zu „gleichberechtigten" Parteivorsitzenden gewählt. Nach der Zulassung durch die Alliierte Kommandantur am 31. Mai 1946 konkurrierten SED und SPD in ganz Berlin um die Gunst der Wähler.

Andere sich bildende Organisationen wie der Freie Deutsche Gewerkschaftsbund (FDGB), der Frauenbund, die Freie Deutsche Jugend (FDJ) oder der Kulturbund gelangten rasch unter kommunistische Kontrolle. Das Kulturleben kam erstaunlich schnell wieder in Gang. Bereits am 27. Mai 1945 konnte das Renaissancetheater mit dem „Raub der Sabinerinnen" wiedereröffnen, am 26. Juni folgte das Deutsche Theater mit Schillers „Parasit", am 15. August das Hebbeltheater mit der „Dreigroschenoper". Zur Keimzelle der späteren Städtischen Bühnen West-Berlins wurde das Schlossparktheater unter der Leitung von Boleslaw Barlog in Steglitz; das Philharmonische Orchester unter dem Interims-Chefdirigenten Sergiu Celibidache spielte im Steglitzer Titania-Palast, die Staatsoper bezog den Admiralspalast. In Charlottenburg sprossen politische Kabaretts und Jazzclubs aus den Ruinen, und bereits im August 1945 wurden im ehemaligen Großen Schauspielhaus vor 3.000 Zuschauern Varieté-Abende gegeben – seit 1947 firmierte der Bau als Friedrichstadtpalast.

Zahlreiche Kunstwerke aus den Berliner Museen wurden bei Kriegsende und später in den Ausweichquartieren gestohlen oder verbrannten, andere Werke wurden in die Sowjetunion transportiert. Nach und

Der historische Händedruck zwischen Wilhelm Pieck (links) und Otto Grotewohl am 22. April 1946 im Admiralspalast. Vorn Walter Ulbricht

nach entstanden Privatgalerien, die aktuelle oder in der NS-Zeit verfemte Kunst zeigten. Die alteingesessenen Buchverlage wanderten zumeist nach Frankfurt, Hamburg oder München ab, während im Ostteil Berlins neue Verlage gegründet wurden. Mit Lizenzen der Militärregierungen entstanden neue Zeitungen, darunter im sowjetischen Sektor die „Berliner Zeitung", im amerikanischen Sektor der „Tagesspiegel". Aus dem unzerstörten Rundfunkhaus an der Masurenallee sendete der sowjetgesteuerte „Berliner Rundfunk", als dessen Gegenstück 1946 der „Rundfunk im Amerikanischen Sektor" (RIAS) entstand – zunächst in Lichterfelde, seit 1948 in Schöneberg. 1953 kam der „Sender Freies Berlin" (SFB) hinzu. Den Wiederaufbau der Filmindustrie betrieben die Sowjets mit der Deutschen Film AG (Defa) in Johannisthal und Potsdam-Babelsberg, während sich die westliche Filmproduktion nach München verlagerte, wo es intakte Studios gab. In West-Berlin konnte sich einzig die 1946 in Spandau gegründete Central Cinema Companie (CCC) von Artur Brauner dauerhaft etablieren.

Als Alternative zur Universität Unter den Linden wurde 1948 mit amerikanischer Unterstützung die Freie Universität (FU) gegründet, auf dem

Oberbürgermeister Ernst Reuter und die amtierende Oberbürgermeisterin Louise Schroeder auf nur in West-Berlin ausgegebenen Briefmarken, 1954 bzw. 1961

Campus der ehemaligen Kaiser-Wilhelm-Gesellschaft in Dahlem. Die Technische Hochschule in Charlottenburg erhielt eine Humanistische Fakultät und wurde zur Technischen Universität erhoben.

Nirgendwo anders wurden so viele Industrieanlagen demontiert wie in den (späteren) Berliner Westsektoren. Schätzungsweise 70 bis 85 Prozent aller noch vorhandenen Kapazitäten demontierten die Sowjets, den Rest ließen die Briten und Franzosen abtransportieren. Erst Ende 1949 wurde die Demontage in West-Berlin mit dem Petersberger Abkommen beendet. Im Ostteil der Stadt wurde etwa ein Drittel der Kapazitäten demontiert, anschließend wurden die leistungsfähigsten Betriebe verstaatlicht. Zahlreiche Firmen mussten ihre Produkte ausschließlich in die Sowjetunion liefern. Die verbliebenen Privatbetriebe waren von Aufträgen und Rohstofflieferungen innerhalb der staatlichen Planwirtschaft abhängig. Rasch unterbanden die Sowjets auch die Versorgung der Westsektoren aus dem Umland. Die Besatzungsmächte mussten ihre Sektoren nun aus ihren jeweiligen westdeutschen Besatzungszonen versorgen; der Westteil Berlins wurde von seinem Hinterland getrennt.

Berlin wird nach und nach geteilt

Am 20. Oktober 1946 fanden die ersten freien Wahlen seit 1933 statt, bei denen alle Berliner ab 21 Jahren wahlberechtigt waren. Grundlage war eine von den Alliierten erlassene vorläufige Verfassung für Berlin.

Bei einer Wahlbeteiligung von 92,3 Prozent wurde die SPD mit 48,7 Prozent stärkste Kraft, vor der CDU mit 22,2, der SED mit 19,8 und der LDP mit 9,3 Prozent. Zum Oberbürgermeister wählte die Stadtverordnetenversammlung den SPD-Politiker Otto Ostrowski. Im neuen Allparteien-Magistrat pochte die SED darauf, ihre Schlüsselposition zu behalten und verwies auf das Vetorecht der Sowjets. Als es zu keiner Einigung über das Arbeitsprogramm kam, trat Ostrowski nach vier Monaten zurück. Gegen den mit großer Mehrheit gewählten Nachfolger, den als Antikommunisten ausgewiesenen Verkehrsstadtrat Ernst Reuter (SPD), legten die Sowjets ihr Veto ein. Die Geschäfte des Oberbürgermeisters führten daraufhin von Mai 1947 bis Dezember 1948 Louise Schroeder (SPD) und, während einer längeren Erkrankung Schroeders, Bürgermeister Ferdinand Friedensburg (CDU).

Nachdem die Sitzungen der Stadtverordnetenversammlung im Neuen Stadthaus in der Parochialstraße (im sowjetischen Sektor) schon mehrmals von Demonstranten belagert worden waren, kam es am 26. August 1948 zum Eklat. Auf Lastwagen aus den Betrieben herbeitransportierte Demonstranten drangen ins Neue Stadthaus ein und sprengten die Sitzung. Am 6. September fanden die Parlamentarier bei ihrer Ankunft zur nächsten Sitzung das Gebäude besetzt vor, und als Appelle an den sowjetischen Stadtkommandanten General Kotikow nichts fruchteten, verlegte Stadtverordnetenvorsteher Otto Suhr (SPD) die Sitzung kurzerhand in den britischen Sektor: ins Studentenhaus der Technischen Universität. Die SED-Fraktion blieb dieser und allen weiteren Sitzungen fern.

Bereits im Juli hatte Bürgermeister Friedensburg den Polizeipräsidenten Markgraf (SED) suspendiert, weil er sich fortgesetzt geweigert hatte, Anordnungen des Magistrats entgegenzunehmen. Der neue durch den Magistrat eingesetzte und von den westlichen Alliierten anerkannte Polizeipräsident Stumm erhielt keinen Zutritt zum Polizeipräsidium, in dem Markgraf weiter amtierte. So kam es zur Bildung eines eigenen Polizeipräsidiums für die Westsektoren – die erste Berliner Behörde war geteilt. Auch weitere im Bezirk Mitte gelegene Verwaltungsgebäude wurden blockiert, sodass mehrere Magistratsdienststellen ihren Sitz in den Westteil verlegten.

Zur endgültigen Spaltung der Stadtverwaltung kam es am 30. November 1948, als die SED-Fraktion zur „Außerordentlichen Stadtverordnetenversammlung“ in den Admiralspalast lud. Die rund 1.600 anwesenden

Vertreter von SED, FDGB, FDJ und anderen Massenorganisationen erklärten den Magistrat für abgesetzt und wählten – einstimmig – einen „provisorischen demokratischen Magistrat" mit Friedrich Ebert (SED), dem Sohn des ersten Reichspräsidenten, als Oberbürgermeister. Der Protest der westlichen Militärgouverneure beim sowjetischen Stadtkommandanten fruchtete nichts.

Der Ost-Magistrat vertrat weiterhin „Groß-Berlin". Ein Stadtparlament gab es nicht mehr; die 1950 beschlossene „Hauptsatzung für die Verwaltung von Groß-Berlin" stellte den provisorischen demokratischen Magistrat auf eine formelle Grundlage. Die Bezirksverwaltungen wurden zu ausführenden Organen der zentralen Stadtregierung abgewertet. 1954 wurde dann wieder eine im Blockwahlsystem zu wählende „Volksvertretung Groß-Berlin" (seit 1957 „Stadtverordnetenversammlung") eingeführt. Eine „Arbeitsordnung" schrieb dem Oberbürgermeister vor, „die Beschlüsse der Partei der Arbeiterklasse sowie die Gesetze, Erlasse, Verordnungen und Beschlüsse der zentralen staatlichen Organe gründlich durchzuarbeiten und der gesamten Tätigkeit des Magistrats zugrunde zu legen". Das hieß de facto: Der Oberbürgermeister unterstand dem Ersten Sekretär der SED-Bezirksleitung.

Nur noch in den Westsektoren konnte am 5. Dezember 1948 das Stadtparlament neu gewählt werden. Obwohl die SPD 64,5 Prozent der Stimmen erhielt, bildete Oberbürgermeister Ernst Reuter einen Allparteienmagistrat, der nunmehr im Rathaus Schöneberg zusammentrat. Zum 1. Oktober 1950 trat dann für West-Berlin eine vom Parlament verabschiedete Verfassung in Kraft, die Berlin als Stadt und Land zugleich definierte. In Anlehnung an die zweite Kammer des Preußischen Landtags bzw. die Hansestädte wurden die Bezeichnungen „Abgeordnetenhaus" und „Senat" eingeführt. Der Regierende Bürgermeister leitet den Senat und bestimmt die Richtlinien der Regierungspolitik im Einvernehmen mit dem Senat. Die Senatoren werden einzeln vom Abgeordnetenhaus gewählt.

Durch das Scheitern des Kriegsbündnisses, die immer stärker hervortretenden Gegensätze zwischen den Westmächten und der Sowjetunion und durch den heraufziehenden Kalten Krieg zwischen Ost und West lief die Entwicklung schon früh auf eine Teilung Deutschlands hinaus. Zum 1. Januar 1947 schlossen Amerikaner und Briten ihre Besatzungszonen zur Bi-Zone zusammen, im März 1948 erfolgte der Zusammenschluss

Nach der Währungsreform: Andrang an einer Wechselstube 1948

mit der Französischen Zone. Die Sowjetunion beendete ihre Mitarbeit im Kontrollrat für ganz Deutschland (März 1948) und in der Berliner Kommandantur (Juni 1948). Als die Verhandlungen der vier Alliierten über eine gesamtdeutsche Währungsreform an der ablehnenden Haltung der Sowjetunion gescheitert waren (ebenfalls im März 1948), stellten die Westmächte am 20. Juni 1948 in den drei westlichen Zonen die Reichsmark auf die Deutsche Mark (DM) um. Wenige Tage später führten die Sowjets in der Ostzone und Berlin ihrerseits eine Währungsreform durch. Als neue Währung dienten alte Reichsmarkscheine mit Aufklebern, die sogenannte Coupon-, Tapeten- oder Klebemark. Die Sowjets bestanden auf der Einführung der Ost-Mark in ganz Berlin und wiesen am 22. Juni die amtierende Oberbürgermeisterin Louise Schroeder entsprechend an. Da dies die Westsektoren Berlins an den Osten angekoppelt hätte, entschieden die Westmächte, die DM auch in den Westsektoren auszugeben. Neben den mit einem „B" abgestempelten Scheinen bestimmten sie aber die Ost-Mark als alleiniges Zahlungsmittel für Bereiche wie Mieten, Steuern, Strom und Gas, Postgebühren und Verkehrstarife, um ein Abfließen der neuen D-Mark in die sowjetische Zone zu verhindern, vor allem aber, um bald zu einer einheitlichen Währung für Gesamt-Berlin unter Vier-Mächte-Kontrolle zurückkehren zu können.

Die Folge war ein Chaos: Wegen der inflationär ausgegebenen Couponmark waren die Sowjets bald zu einer neuen Reform gezwungen und gaben nun eine „Deutsche Mark der Deutschen Notenbank" aus. Gleichzeitig sperrten sie alle privaten Konten der in den Westsektoren ansässigen Berliner, von Firmen und Organisationen, sofern diese nicht ihren

Das Kriegsverbrechergefängnis Spandau

Das Kriegsverbrechergefängnis Spandau war ein roter Backsteinbau von 1876, der zunächst als Militär-, seit 1919 auch als Zivilgefängnis genutzt wurde. 1933 inhaftierten die Nationalsozialisten hier prominente „Schutzhäftlinge", bevor sie weiter in die neuerrichteten Konzentrationslager überstellt wurden: darunter Carl von Ossietzky und Egon Erwin Kisch. Im November 1946 übernahmen die Alliierten den Komplex und richteten sich auf rund 100 Häftlinge ein: Da die Bewachung monatlich zwischen den vier Alliierten wechseln sollte, wurden vier Gefängnisdirektoren, vier Ärzte, Köche, Übersetzer, rund 60 Wachsoldaten und weiteres Personal eingesetzt. Am 18. Juli 1947 wurden jedoch nur sieben im Nürnberger Kriegsverbrecherprozess verurteilte ehemalige Nazi-Größen nach Spandau überstellt: Baldur von Schirach, Karl Dönitz, Konstantin von Neurath, Erich Raeder, Albert Speer, Walther Funk und Rudolf Heß. Seit der Entlassung von Schirach und Speer 1966 war der riesige Komplex nur noch mit einem Gefangenen belegt: Rudolf Heß. Die Kosten trug das Land Berlin. Nach Heß' Selbstmord im August 1987 wurde die Anlage abgerissen, um Neo-Nazis künftig keine „Pilgerstätte" zu bieten. Heute steht hier ein Einkaufszentrum. Unten: Wachablösung zwischen Amerikanern (links) und Briten 1986

gesamten Zahlungsverkehr auf Ost-Mark umstellten. Löhne und Gehälter wurden teils in Ost-, teils in West-Mark ausgezahlt. So zahlte die Firma Siemens ihre Gehälter und Löhne zu 70 Prozent in West-Mark aus, bis sie von den alliierten Behörden angewiesen wurde, den Anteil auf 50 Prozent zu begrenzen. West-Berliner Rentner erhielten ihre Renten, da die Berliner Versicherungsanstalt im sowjetischen Sektor saß, allein in Ost-Mark ausgezahlt.

Erst am 20. März 1949 erklärten die Westalliierten die D-Mark zum alleinigen Zahlungsmittel in den Westsektoren. Bis 1953 waren alle in West-Berlin umlaufenden DM-Noten mit dem „B" gestempelt. Im sowjetischen Sektor war die Annahme von D-Mark verboten und ihr Besitz unter Strafe gestellt. Den Berufspendlern über die Grenze tauschte eine West-Berliner „Lohnausgleichskasse" die Währungen; das Defizit dieser Institution, die bis 1961 bestand, wurde durch eine Sondersteuer gedeckt.

Parallel zur Auseinandersetzung um die Währungsreform starteten die Sowjets einen großen Anlauf, ganz Berlin in ihre Hand zu bekommen. Bereits ab Ende 1947 behinderten sie den Verkehr zwischen Westdeutschland und den Berliner Westsektoren immer stärker, im April 1948 rammte eine sowjetische Militärmaschine ein britisches Passagierflugzeug und brachte es bei Gatow zum Absturz. Nachdem die Sowjets am 20. März den Alliierten Kontrollrat und am 16. Juni auch die Alliierte Kommandantur verlassen hatten, nahmen sie die Währungsreform zum Anlass, ab dem 24. Juni 1948 sämtliche Land- und Wasserverbindungen zwischen den westlichen Besatzungszonen und West-Berlin zu blockieren. So blieben nur die drei 1945 vereinbarten Luftkorridore nach Frankfurt/Main, Hannover und Hamburg offen, die noch bis 1990 von der Alliierten Luftsicherheitszentrale (im Kammergericht) überwacht wurden und für deutsche Fluggesellschaften gesperrt blieben. Vor allem der Hartnäckigkeit des amerikanischen Militärgouverneurs für Deutschland, Lucius D. Clay, ist es zu verdanken, dass die westlichen Alliierten innerhalb weniger Tage eine Luftbrücke organisierten, um die eingeschlossene Stadt zu versorgen. Mit den hier lagernden Vorräten allein wäre der Westteil Berlins kaum zwei Monate lebensfähig gewesen.

Am 26. Juni lief das größte Lufttransport-Unternehmen der Geschichte an. Im August wurden bereits über 4.000 Tonnen Güter täglich nach Berlin gebracht; im Frühjahr 1949 waren es mehr als 8.000 Tonnen. Fast

Nicht nur auf den drei Flughäfen, sondern auch auf der Havel landeten während der Luftbrücke 1948 Militärmaschinen mit Fracht an Bord

im Minutentakt landeten die „Rosinenbomber" auf den Flughäfen Tempelhof, Gatow und Tegel – Letzterer wurde innerhalb von drei Monaten auf einem alten Raketenversuchsgelände gebaut; auf der Havel landeten Wasserflugzeuge. Insgesamt brachten die Westmächte mit 213.000 Flügen 1,7 Millionen Tonnen Versorgungsgüter nach Berlin, davon zwei Drittel Kohlen. Zur Energieversorgung – sämtliche Stromleitungen waren gekappt – wurde ein ganzes Kraftwerk, das heute den Namen Ernst Reuter trägt, Stück für Stück eingeflogen. Am 9. September 1948 sprach Oberbürgermeister Reuter vor dem Reichstag vor 300.000 Zuhörern: „Ihr Völker der Welt [...], schaut auf diese Stadt und erkennt, dass ihr diese Stadt und dieses Volk nicht preisgeben dürft und nicht preisgeben könnt!" Und die Welt sah mit Erstaunen, wie sich die Berliner behaupteten gegen Hunger und Kälte. Erst am 11. Mai 1949 hoben die Sowjets die Blockade auf.

Vor dem Hintergrund der Blockade-Erfahrungen wurde in West-Berlin ein umfangreiches Bevorratungsprogramm mit Kohle und Treibstoff, Medikamenten, Nahrungsmitteln und sogar Rohstoffen und Halbfertigprodukten für die Industrieproduktion betrieben. Die „Senatsreserve" wurde erst 1990 aufgelöst – 90.000 Tonnen Lebensmittel und Medikamente gingen als Spende an die Sowjetunion.

Mit der Blockade hatten die Sowjets alle ihre Ziele verfehlt. Ja, mehr noch: Das Engagement während der Luftbrücke hatte die westlichen Siegermächte in den Augen vieler Berliner und Deutscher zu „Schutzmächten" werden lassen; die Westbindung der am 23. Mai 1949 gegründeten Bundesrepublik sollte danach nie mehr in Frage stehen. Für die Berliner Wirtschaft erwies sich die Blockade jedoch als enorm schädlich: In der Wirtschaftsleistung war Westdeutschland West-Berlin in diesen elf Monaten weit enteilt. Die Arbeitslosigkeit in der Stadt war hoch, und so wurden rund 50.000 Arbeitslose zunächst in Notstandsarbeiten zur Enttrümmerung und zur Wiederanlage von Parks und Grünanlagen eingesetzt.

Obwohl West-Berlin seines wirtschaftlichen Hinterlands beraubt war, kam die Wirtschaft ab 1951 dank beträchtlicher Finanzhilfen der Bundesrepublik und Mitteln aus dem amerikanischen Marshallplan allmählich auf Touren. 1957 sank die Arbeitslosenzahl erstmals unter 100.000, 1960 war die Vollbeschäftigung erreicht. Zum Zeitpunkt des Mauerbaus 1961 arbeiteten außerdem rund 50.000 Ost-Berliner in West-Berlin. Angesichts der politischen Lage und wiederholter Störungen der DDR etwa auf den Transportwegen, bei der Wasser- oder der Energieversorgung galten Investitionen in West-Berlin vielen Unternehmern aber weiter-

Berlin-Mitte am 17. Juni 1953: Ein sowjetischer Panzer ist aufgefahren

hin als zu riskant. Auf sich gestellt war West-Berlin wirtschaftlich nicht lebensfähig, die Produktivität war 1961 nur halb so hoch wie die der Bundesrepublik.

In der DDR und in Ost-Berlin ging es wirtschaftlich viel langsamer aufwärts. Zudem erhielt der Ostteil Berlins in den ersten Jahren der Teilung überhaupt keine staatlichen Zuschüsse, ja musste sogar Geld in den DDR-Finanzausgleich einzahlen. Erst Ende der 50er-Jahre griff der Staat seiner darbenden Hauptstadt unter die Arme. Wie auf politischem Gebiet, wo die „Nationale Front" alle Parteien und gesellschaftlichen Organisationen unter die Führung der SED stellte, wurde auch die Wirtschaft durch Verstaatlichungen und das umfassende Plansystem immer weiter vereinheitlicht.

Seit 1952 forcierte die DDR-Führung den „beschleunigten Aufbau des Sozialismus" durch immer höhere Arbeitsnormen, denen Verschlechterungen im Warenangebot und bei den Sozialleistungen gegenüberstanden. Es kam wiederholt zu Streiks und Protestaktionen, die schließlich im Juni 1953 eskalierten. Nach einer erneuten Erhöhung der Arbeitsnorm, die für viele zu realen Einkommenseinbußen führte, kam es am 15. Juni auf mehreren Baustellen zu ersten Arbeitsniederlegungen. Einen Tag später zogen Tausende Bauarbeiter zum Haus der Ministerien (dem heutigen Bundesfinanzministerium), in dem auch die zentrale Plankommission ihren Sitz hatte. Als Ministerpräsident Otto Grotewohl und Parteichef Walter Ulbricht nicht vor den Demonstranten erschienen, forderte die Menge den Rücktritt der Regierung und freie Wahlen.

Walter Ulbricht spricht im Oktober 1951 in der Volkskammer (im Langenbeck-Virchow-Haus in der Luisenstraße). Im DDR-Emblem fehlt noch der Zirkel

Ernst Reuter

Die prägende Figur der ersten Nachkriegsjahre war der 1947 zum Oberbürgermeister gewählte Ernst Reuter, der wegen des Vetos der Sowjets erst 1948 sein Amt – nun beschränkt auf die Westsektoren – antreten konnte. Während der Blockade 1948/49 verkörperte er wie kein Zweiter den Durchhaltewillen der Berliner, mit ihm als Spitzenkandidat erreichte die SPD bei den Wahlen zur Stadtverordnetenversammlung 1948 sagenhafte 64,5 Prozent! Reuter starb am 29. September 1953 erst 64-jährig an den Folgen einer Grippeinfektion. Sein Lebensweg verlief kurvenreich: Als Sohn eines Kapitäns in Apenrade (heute Dänemark) geboren, trat der studierte Lehrer 1912 der SPD bei. In russischer Kriegsgefangenschaft schloss er sich den Boschewiken an, Lenin sandte ihn 1918 für einige Monate als Volkskommissar in die Wolgadeutsche Republik. Zurück in Berlin, gehörte er zum Führungszirkel der KPD, ehe er 1921 mit der Partei brach und zur SPD zurückfand. Er arbeitete als Redakteur beim „Vorwärts", wurde Mitglied der Stadtverordnetenversammlung und 1926 zum Stadtrat für Verkehr gewählt. Hier betrieb er maßgeblich die Bündelung des zersplitterten Nahverkehrs in der neugegründeten BVG. Ab 1931 Oberbürgermeister von Magdeburg und ab 1932 Mitglied des Reichstags, wurde er 1933 seiner Ämter enthoben und kurzzeitig im KZ Lichtenburg bei Torgau interniert. Nach der Entlassung emigrierte er nach Ankara, wo er Berater des Wirtschaftsministeriums und Professor für Städtebau wurde. 1946 nach Berlin zurückgekehrt, übernahm er erneut das Verkehrsdezernat, ehe er 1947 zum Stadtoberhaupt gewählt wurde.

Am folgenden Tag, dem 17. Juni 1953, kam es im ganzen Land zu Protesten, Demonstrationen und Werksbesetzungen. Am Mittag verhängte der sowjetische Stadtkommandant den Ausnahmezustand über Ost-Berlin, Panzer fuhren auf, schließlich standen den Hunderttausenden von Demonstranten, die sich zum Teil mit Werkzeugen bewaffnet hatten, etwa 20.000 sowjetische Soldaten und 15.000 Volkspolizisten gegenüber. Demonstranten warfen mit Steinen, es kam zu Schießereien, Panzer feuerten in die Menge, ein Arbeiter wurde überrollt. Am späten Nachmittag brach der Aufstand zusammen. Die Zahl der Opfer kann nur geschätzt werden: Vermutlich wurden über 70 Demonstranten getötet, 40 sowjetische Soldaten, die nicht auf die Demonstranten schießen wollten, wurden standrechtlich erschossen. In den vier folgenden Wochen kamen rund 13.000 Menschen in Haft; zahlreiche Demonstranten wurden in Schauprozessen zu langen Freiheitsstrafen, einige sogar zum Tode verurteilt.

Für die Bevölkerung der DDR änderte sich nach dem 17. Juni, der in der Bundesrepublik 1954–90 als nationaler Feiertag begangen wurde, nichts. Walter Ulbricht und die personell „gesäuberte" Parteiführung hielten unbeirrt an ihrem Kurs fest und ließen Regimekritiker wie etwa 1956 Wolfgang Harich und Walter Janka für viele Jahre ins Zuchthaus sperren, während immer mehr Menschen ihr Land verließen. Und da die Grenze zur Bundesrepublik immer schwieriger zu überwinden war, kamen die allermeisten von ihnen nach West-Berlin. Zwar waren die Straßen zwischen West-Berlin und dem Umland seit 1952 gesperrt, doch innerhalb Berlins verkehrten die U- und S-Bahnen weiterhin frei. An den etwa 80 offenen Straßen, die die innerstädtische Grenze querten, kontrollierten die Ostpolizisten nur bei einem Verdacht, etwa wenn ein Grenzgänger von Ost nach West einen Koffer mit sich führte – mögliches Indiz für eine „Republikflucht", die unter Strafe stand. Tausende Bürger wechselten täglich hin und her, nahe der Sektorengrenze fanden sich unzählige Verkaufsbuden, in denen es Waren zu kaufen gab, an denen es im Osten mangelte. 53.000 Berufspendler von Ost nach West und 12.000 von West nach Ost waren zum Zeitpunkt des Mauerbaus in der Lohnausgleichskasse registriert. Hinzu kamen Tausende Schwarzarbeiter. Zahlreiche Studenten wechselten täglich über die Grenze, abends ging man zum Kino- oder Theaterbesuch in die andere Stadthälfte. 1961 zählte die West-Berliner Theaterorganisation „Freie Volksbühne" 25.000 Ost-Berliner Mitglieder.

West-Berlin befand sich in einer merkwürdigen Situation. Während Ost-Berlin unter Missachtung des Vier-Mächte-Statuts de facto Hauptstadt der am 7. Oktober 1949 gegründeten Deutschen Demokratischen Republik war – fast ganz integriert in diesen Staat –, bestimmte das Grundgesetz zwar Gesamt-Berlin als Land der Bundesrepublik, doch war der betreffende Artikel von den Alliierten suspendiert, um die Sicherheit der Westsektoren und die Zugangsfreiheit von und nach West-Berlin völkerrechtlich eindeutig gewährleisten zu können. West-Berliner Bürger besaßen nur einen „Vorläufigen Personalausweis" und durften ihre Bundestagsabgeordneten nicht direkt wählen. Die Berliner Abgeordneten besaßen im Bundestag kein volles Stimmrecht; Bundesgesetze mussten formell vom Abgeordnetenhaus übernommen werden. Allerdings beharrten die Sowjets trotz der Hauptstadtfunktion Ost-Berlins bis 1976 darauf, dass auch der Ost-Berliner Magistrat den Gesetzen der Volkskammer separat zustimmte. Erst 1981 gestattete die Sowjetunion

Der Bau der Mauer: Die ersten Betonelemente werden gesetzt

den Ost-Berlinern die unmittelbare Teilnahme an den Volkskammerwahlen. Und noch bis in die 70er-Jahre gab es stichprobenartige Personen- und Fahrzeugkontrollen an der Grenze zwischen Ost-Berlin und der DDR.

Die vier Alliierten behielten Bewegungsfreiheit in ganz Berlin, konnten also jederzeit Militärpatrouillen in alle vier Sektoren schicken. Die Sowjets ihrerseits arbeiteten in der Luftsicherheitszentrale am Kleistpark und an der Bewachung des Kriegsverbrechergefängnisses in der Spandauer Wilhelmstraße mit, das nach dem Tod des letzten Häftlings, des Hitler-Stellvertreters Rudolf Heß, am 17. August 1987 rasch abgerissen wurde.

Bis auf das Verteidigungsministerium in Strausberg waren alle Ministerien der DDR in Ost-Berlin angesiedelt. Die Bundesregierung war

> Ich verstehe Ihre Frage so, dass es Menschen in Westdeutschland gibt, die wünschen, dass wir die Bauarbeiter der Hauptstadt der DDR mobilisieren, um eine Mauer aufzurichten, ja? Mir ist nicht bekannt, dass solche Absicht besteht, da sich die Bauarbeiter in der Hauptstadt hauptsächlich mit Wohnungsbau beschäftigen und ihre Arbeitskraft dafür voll ausgenutzt, voll eingesetzt wird. Niemand hat die Absicht, eine Mauer zu errichten.
> *Staats- und Parteichef Walter Ulbricht auf einer Pressekonferenz am 15. Juni 1961 auf die Frage, ob eine Staatsgrenze am Brandenburger Tor errichtet werde*

US-Präsident John F. Kennedy, der Regierende Bürgermeister Willy Brandt und Bundeskanzler Konrad Adenauer am 23. Juni 1963

lediglich mit Außenstellen der wichtigen Ministerien in West-Berlin präsent – im „Bundeshaus" an der Joachimsthaler Straße, das ein „Bundesbevollmächtigter" leitete. Zahlreiche Bundesbehörden wurden in Berlin angesiedelt, etwa das Bundesverwaltungsgericht, das Bundeskartellamt, das Bundesgesundheitsamt, das Umweltbundesamt und die Bundesversicherungsanstalt für Angestellte. Immer wieder tagten Bundestagsausschüsse und -fraktionen im seit 1963 wiederhergestellten Reichstag, 1954 bis 1969 wählte die Bundesversammlung in Berlin den Bundespräsidenten, als dessen zweiter Amtssitz seit 1959 das Schloss Bellevue diente. Ost-Berliner mussten seit 1962 in der 1956 gegründeten Nationalen Volksarmee (NVA) dienen, während West-Berliner nicht wehrpflichtig waren.

Der Mauerbau

1958 forderte der sowjetische Partei- und Regierungschef Nikita Chruschtschow die Westmächte erneut auf, ihre Truppen aus Berlin abzuziehen und Berlin in eine „Freie Stadt" umzuwandeln, was diese jedoch zurückwiesen. Ihre mehrfachen Drohungen, die Zufahrtswege nach West-Berlin wieder vollständig zu blockieren, machten die Sowjets jedoch nicht wahr. Im Mai 1961 gab US-Präsident John F. Kennedy der West-Berliner Bevölkerung eine Sicherheitsgarantie, indem er drei Grundsätze (essentials) der westlichen Berlin-Politik benannte: das Recht auf Anwesenheit in West-Berlin, das Recht auf Zugang durch Ostdeutschland und die Gewährleistung der Selbstbestimmung der West-Berliner sowie der freien Wahl ihrer Lebensform. Ausdrücklich bezog sich Kennedy auf West-Berlin, wodurch er den Sowjets indirekt freie Hand für ihren Sektor gab.

Zwei Monate später griffen die Sowjets und die DDR-Führung zu einem radikalen Mittel, um die DDR vor dem Ausbluten an Arbeitskräften zu bewahren. Rund drei Millionen Menschen waren seit 1949 aus der DDR und Ost-Berlin in den Westen gewechselt, die Hälfte von ihnen war jünger als 25 Jahre. Allein 1960 kamen 200.000 Menschen nach West-Berlin, wo das Notaufnahmelager Marienfelde (heute Gedenkstätte) als erste Anlaufstelle diente.

Am frühen Morgen des 13. August 1961, einem Sonntag, riegelten Volkspolizisten und Soldaten alle Straßen und Bahnlinien zwischen den beiden Stadthälften ab. Rings um West-Berlin entstand eine Absper-

Blick vom Potsdamer Platz in die Stresemannstraße 1970. Rechts steht noch das Haus Vaterland

rung aus Pfählen und Stacheldraht. Wohnungen an der Grenze wurden geräumt, Fenster und Haustüren zugemauert (Bernauer Straße). S- und U-Bahnhöfe wurden geschlossen, Ost-Berliner Berufspendler wurden angewiesen, sich bei ihrer früheren Arbeitsstelle in Ost-Berlin oder einer staatlichen Stelle zu melden. Die drei Westmächte protestierten erst vier Tage später, als die Grenzer den Stacheldraht bereits gegen die ersten Betonelemente austauschten, in Moskau gegen den Bruch des Viermächte-Abkommens – vergeblich. Bundeskanzler Konrad Adenauer ließ sich mit seinem Berlin-Besuch sogar neun Tage Zeit – die West-Alliierten hatten ihm von einem Besuch „abgeraten". Am 22. August gab das DDR-Innenministerium bekannt, dass das Betreten des Ostsektors nur noch mit Passierscheinen erlaubt sei. Sie sollten von östlichen Verwaltungsstellen in den Westsektoren ausgegeben werden. Die Alliierte Kommandantur jedoch untersagte aus Statusgründen die Einrichtung solcher Büros. So kam es zur kompletten Sperrung der Grenze.

Längs des „antifaschistischen Schutzwalls", so die offizielle Bezeichnung aus DDR-Sicht, hatten die Grenzsoldaten Befehl, auf Flüchtlinge scharf zu schießen. Dennoch gelang knapp 40.000 Menschen zwischen 1961 und 1989 die Flucht aus der DDR in den Westen, den allermeisten von ihnen allerdings bis 1962. Zahlreiche West-Berliner wurden zu Fluchthelfern von Freunden, Verwandten oder auch – gegen Bezahlung – von Fremden. Über 200 Menschen haben bei Fluchtversuchen ihr Leben verloren.

Fluchttunnel am S-Bahnhof Wollankstraße, 1962

Immer wieder gab es Aktionen westlicher Demonstranten wie die des kanadischen „Mauerläufers" John Runnings, der seit 1986 Dutzende Male die Mauer erklomm und mit einem Vorschlaghammer traktierte, bis ihn die DDR-Grenzer herunterzerrten, festnahmen und wieder in den Westen entließen. Die Westseite der Mauer war mit Graffiti und Bemalungen übersät.

Die Berliner Mauer

In den frühen Morgenstunden des 13. August 1961, eines Sonntags, wurden an den Sektorengrenzen zwischen Ost- und West-Berlin provisorische Absperrungen errichtet und an den Verbindungsstraßen zu West-Berlin das Pflaster herausgerissen. Einheiten der Volksarmee und der Grenzpolizei sowie der bewaffneten Betriebskampfgruppen waren aufgezogen und unterbanden jeglichen Verkehr an den Sektorengrenzen.

Durch die Teilung Berlins wurde der Durchgangsverkehr von acht S-Bahnlinien und vier U-Bahnlinien unterbrochen. In Ost-Berlin wurden 13 U-Bahnhöfe von insgesamt 33 vollständig geschlossen. Die Sektoren- und Zonengrenze um West-Berlin durchschnitt insgesamt 193 Straßen, davon 62 Querverbindungen zwischen beiden Stadthälften.

Die „Berliner Mauer" führte auf einer Länge von 155 Kilometern um ganz West-Berlin herum, davon 43 Kilometer zwischen Ost- und West-Berlin. 1961/62 bestanden die Grenzabsperrungen aus insgesamt etwa 12 Kilometern Mauer. Die dafür verwendeten 7.200 Kubikmeter Betonplatten entsprechen der Materialmenge für den Bau von 150 Einfamilienhäusern. Hinzu kamen 137 Kilometer Stacheldrahtverhau mit 8.000 bis 10.000 Kilometer Stacheldraht und ungefähr 500.000 Quadratmeter Schneisen mit Todesstreifen, Kolonnenweg und Kontrollstreifen. In der Zeit unmittelbar nach dem 13. August 1961 wurden 116 Wachtürme rings um West-Berlin herum errichtet, davon 32 an der innerstädtischen Grenze.

Von Oktober 1964 bis 1970 erfolgte der Ausbau der Anlagen zur „modernen Grenze". Die Anlagen hatten nun bereits eine Gesamtlänge von 165,7 Kilometern und bestanden – auf einem 50 Meter breiten Streifen gestaffelt – aus folgenden Teilen:

1. Betonplattenwand mit aufmontiertem Rohr (3,50 bis 4,20 Meter hoch) oder engmaschiger Metallgitterzaun (3 bis 4 Meter hoch);
2. Kontrollstreifen – 6 bis 15 Meter breiter Sandstreifen zur Spurenfeststellung;
3. Kfz-Graben – 3 bis 5 Meter breit, Panzersperren auf den früheren Durchgangsstraßen;
4. Beleuchtungsanlagen – ca. 5 Meter hohe Lichtmaste;
5. Grenzpostenlinie – farbige Markierungen an Lichtmasten oder Pfählen, die von den Grenzposten nicht in Richtung West-Berlin überschritten werden durften;
6. Kolonnenweg – ca. 3 bis 4 Meter breiter Weg für den motorisierten Streifendienst;
7. Kontakt-, Signalzaun – 2 Meter hoher Zaun mit durch Schwachstrom gespeisten Drähten, die beim Berühren optische oder akustische Signale gaben;
8. Hinterlandzaun – 2 Meter hoher Maschendrahtzaun;
9. Grenzsicherungs- und pioniertechnische Anlagen – Beobachtungstürme, Bunker, Hundelaufanlagen und mit Stolperdrähten verbundene Signalgeräte zwischen Kolonnenweg und Kontaktzaun.

Das 1951 errichtete Stalindenkmal an der Stalinallee. 1961 wurde es abgeräumt, die Straße in Karl-Marx-Allee umbenannt

Der Wiederaufbau Berlins

Rund ein Drittel aller Berliner Wohnungen war durch den Krieg zerstört worden. Viele Berliner wohnten in den ersten Nachkriegsjahren in den Lauben der zahlreichen Kleingartenkolonien, andere, darunter viele Flüchtlinge von jenseits der Oder-Neiße-Grenze, bezogen die Barackenlager, die für die Zwangsarbeiter im Krieg entstanden waren.

1946 präsentierte Stadtrat Hans Scharoun mit seinem Planungskollektiv einen Vorschlag zur radikalen Neugestaltung Berlins als einer durchgrünten, von Schnellstraßen durchzogenen Bandstadt mit lockerer Bebauung. Das historische Berlin wäre bis auf wenige Reste verschwunden, die Berliner Grundbesitzer weitgehend enteignet worden. Wesentlich mehr an der gewachsenen Stadtstruktur orientierte sich der 1948 unter Scharouns Nachfolger Karl Bonatz noch von der Gesamt-Berliner Verwaltung entwickelte „Bonatz-Plan", der in vielen Punkten tatsächlich zur Grundlage der weiteren Stadtentwicklung zumindest West-Berlins wurde.

Im Juli 1950 beschloss die Regierung der DDR die am sowjetischen Vorbild orientierten „16 Grundsätze des Städtebaus", die auf die historisch gewachsene Stadtstruktur setzten und damit eine Gegenposition zur 1933 in der „Charta von Athen" postulierten, in Funktionsbereiche getrennten Stadt formulierten. Für Ost-Berlin wurde die Idee einer „zentralen Achse" entwickelt, eines 90 Meter breiten Straßenzuges von der Stalinallee über den Alexanderplatz und die Linden bis zum Brandenburger Tor. Mittelpunkt des neuen Stadtzentrums sollte ein Hochhaus im stalinistischen Stil werden, dort, wo man 1950/51 das kriegsbeschädigte Hohenzollernschloss sprengte und abtrug. Ab 1952 entstand die kriegszerstörte Große Frankfurter Straße/Frankfurter Allee auf zwei Kilometern Länge als neoklassizistische Stalinallee (seit 1961 Karl-Marx-Allee / Frankfurter Allee) neu.

In West-Berlin setzte man dagegen konsequent auf „unhistorische Simplizität [...] aus dem Geist der Opfer", wie es namhafte Architekten 1947 formulierten. Das West-Berliner Baugeschehen dominierten die Ideen des Bauhaus, denen nach der NS-Zeit eine unbestrittene moralische Integrität zugewachsen war. Mit dem Hansaviertel am Nordrand des Tiergartens entstand zur Internationalen Bauausstellung „Interbau" 1957 eine moderne Wohnstadt mit Zeilenbauten und Punkthochhäusern, geplant von den weltweit führenden Architekten der modernen Richtung. Neben diesen und anderen anspruchsvollen öffentlichen

Letzte Pflasterarbeiten an der damaligen Stalinallee 1953

Blick vom Potsdamer Platz in die Leipziger Straße 1957. Das erste Gebäude rechts ist heute Sitz des Bundesrats

Bauten entstanden aber auch unzählige gesichtslose Wohnhäuser – seit 1952 rund 20.000 Wohnungen pro Jahr, die in das Gefüge so vieler Berliner Wohnviertel hässliche Narben schlugen. Viele kriegsbeschädigte Altbauten riss man ab, obwohl sie in ihrer Substanz gut erhalten waren. Nur heftige, ausdauernde Bürgerproteste retteten beispielsweise die Turmruine der Gedächtniskirche vor dem Abriss. Das Stadterneuerungsprogramm von 1963 setzte dann den Startschuss zur „Kahlschlagsanierung", bei der „erneuerungsbedürftige" Straßenblöcke komplett abgerissen und durch Neubauten ersetzt wurden – beispielhaft sei das mit 17.000 Wohnungen größte Sanierungsgebiet Deutschlands an der Brunnenstraße (Gesundbrunnen) genannt.

Ende der 50er-Jahre erfolgte auch in der DDR ein radikaler Wandel des Bauprogramms hin zum typisierten und industrialisierten – d.h. billigeren und schnelleren – Bauen. Das Bild des modernen Ost-Berlin sollten nun Großplattenbauten prägen. Das alte Stadtzentrum wurde zu einer „sozialistischen" Metropole mit großzügigen Platzanlagen, riesigen Wohnblöcken und breiten Straßenschneisen umgestaltet. Zum Wahrzeichen entwickelte sich der 1965–69 errichtete Fernsehturm, mit 365 Metern das zweithöchste Bauwerk Europas nach dem Moskauer Fernsehturm.

Der Alexanderplatz erhielt als zentraler Verkehrsknoten und Einkaufszentrum ein völlig neues Gesicht, während Unter den Linden und am Gendarmenmarkt die barocken Repräsentativbauten saniert oder originalgetreu wiederaufgebaut wurden. Zum Symbol eines unverkrampfteren Umgangs mit der deutschen Geschichte wurde 1980 die Wiederaufstellung des Reiterstandbilds Friedrichs des Großen Unter den Linden.

Um den ehemaligen Schlossplatz entstanden bis 1976 der Palast der Republik, in dem neben der Volkskammer auch ein großer Mehrzwecksaal, Gastronomie, eine Bowlingbahn u.ä. untergebracht waren (die Volkskammer tagte bis 1976 in der Luisenstraße), das Staatsratsgebäude und das Außenministerium (1995 abgerissen). Die SED-Zentrale war seit 1959 im ehemaligen Reichsbankgebäude am Werderschen Markt untergebracht (heute Auswärtiges Amt; zuvor im ehemaligen Kaufhaus Jonas, Torstraße/Ecke Prenzlauer Allee). Die führenden DDR-Politiker wohnten in einem abgeschlossenen Wohnbezirk, zunächst in Pankow am Majakowski-Ring (nahe dem Schloss Niederschönhausen, Sitz des Staatspräsidenten Wilhelm Pieck bis zu seinem Tod 1960), seit 1961 nordöstlich Berlins in einer Waldsiedlung bei Wandlitz.

Der Aufbau Ost-Berlins erfolgte seit den 70er-Jahren „mit der Kraft der ganzen Republik", wie es offiziell hieß. Dass Baukolonnen aus dem ganzen Land in die Hauptstadt abkommandiert wurden, ging zu Lasten der übrigen DDR und machte die Hauptstadt im Land nicht beliebter. Vor den Toren der Stadt wuchsen in Marzahn (1975–87), Hohenschönhausen (1979–89) und Hellersdorf (1981–90) ausgedehnte Wohnstädte empor, die später zu eigenen Bezirken aufgewertet wurden (1979/1985/1986). Erst spät – genau wie im Westen – begann die behutsame Altbausanierung, zu deren Vorzeigeobjekten die Sophienstraße in Mitte und die Husemannstraße im Prenzlauer Berg wurden. Als „Altstadtersatz" entstand bis 1987 um die wiederaufgebaute älteste Kirche Berlins das Nikolaiviertel – in einer Mischung aus sanierten Häusern, „Adaptionen" historischer Bauten und neuen Plattenbauten.

Zum Zentrum der West-Berliner Inselstadt entwickelte sich der einstige „Neue Westen", das Gebiet um den Bahnhof Zoo und die Gedächtniskirche. In den Außenbezirken West-Berlins entstanden die Großsiedlungen Falkenhagener Feld westlich von Spandau (1960–77), Britz-Buckow-Rudow, später Gropiusstadt genannt (1960–75), das Märkische Viertel (1962–75) und weitere kleinere Stadtrandsiedlungen.

Bis Ende der 50er-Jahre plante man in beiden Stadthälften für die gesamte Stadt; bei einigen Projekten wie dem geplanten Bau eines Schnellstraßensystems oder dem Ausbau des U-Bahnnetzes ging man in West-Berlin noch in den 70er-Jahren von einer künftigen Wiedervereinigung aus. Dem Leitbild der „autofreundlichen Stadt" verdankt der Westteil Berlins nicht nur den Autobahn-Stadtring, sondern auch zum Beispiel die Hochhauskomplexe am Kottbusser Tor und am Mehringplatz, die den Lärm geplanter Schnellstraßen-Zubringer abfangen sollten.

Berliner Politik nach dem Mauerbau

Der Mauerbau zwang die Politik im Westen zu einer Neuorientierung. Zwar forderten alle Politiker den Abriss der Mauer, doch wurde bald klar, dass man mit Appellen nicht weit kommen würde. Senatssprecher Egon Bahr prägte das Wort vom „Wandel durch Annäherung", und Bürgermeister Heinrich Albertz (SPD) forderte schon im August 1963, dass die Frage der Anerkennung der DDR nicht zur Unbeweglichkeit der westlichen Politik führen dürfe – was ihm einen Misstrauensantrag der CDU im Abgeordnetenhaus eintrug. Nach dem Ende der SPD/CDU-Koalition wandte sich der im März 1963 gebildete SPD/FDP-Senat unter dem Regierenden Bürgermeister Willy Brandt (1957–66) einer „Politik der kleinen Schritte" zu, und es gelang, die Mauer zur Jahreswende 1963/64 erstmals wieder zu öffnen: An 18 Tagen konnten aufgrund eines Passierscheinabkommens West-Berliner ihre Verwandten im Osten besuchen. Bis Mitte

> Sie leben auf einer verteidigten Insel der Freiheit. Aber Ihr Leben ist mit dem des Festlandes verbunden, und deshalb fordere ich Sie [...] auf, den Blick über die Gefahren des Heute hinweg auf die Hoffnung des Morgen zu richten. [...] Aber wenn der Tag gekommen sein wird, an dem alle die Freiheit haben und Ihre Stadt und Ihr Land wieder vereint sind, wenn Europa geeint ist und Bestandteil eines friedvollen und zu höchsten Hoffnungen berechtigten Erdteils, dann [...] können Sie mit Befriedigung von sich sagen, dass die Berliner und diese Stadt Berlin 20 Jahre die Front gehalten haben. Alle freien Menschen, wo immer sie leben mögen, sind Bürger dieser Stadt West-Berlin, und deshalb bin ich als freier Mann stolz darauf, sagen zu können: Ich bin ein Berliner!
> *US-Präsident John F. Kennedy am 26. Juni 1963 vor dem Rathaus Schöneberg*

Teilnehmer der Weltfestspiele der Jugend und Studenten 1973 ziehen über die Karl-Marx-Allee

1966 folgten drei weitere (einseitige) Grenzöffnungsphasen. Aber immer wieder behinderte die DDR-Führung den Verkehr nach West-Berlin.

Als der Bundestag 1965 zum vierten Mal in Berlin tagen wollte, wurde den Abgeordneten die Durchreise durch die DDR verwehrt – sie mussten per Flugzeug anreisen. Die Sitzung in der Kongresshalle (heute Haus der Kulturen der Welt) wurde dann durch östliche Düsenjägerflüge gestört. 1968 führte die DDR eine Visumspflicht auf den Transitstrecken von und nach West-Berlin ein, die Durchreise war nun zum Teil mit stundenlangen Wartezeiten vor den Grenzkontrollstellen verbunden.

Nach dem Mauerbau stellte der Bundestag West-Berlin eine Soforthilfe von einer halben Milliarde D-Mark zur Verfügung und verabschiedete 1962 ein Berlinhilfe-Gesetz, das den Arbeitnehmern eine „Berlin-Zulage", den Unternehmern und Investoren Steuervergünstigungen brachte. Vor allem die Zigarettenindustrie dankte die Förderung mit dem Ausbau von Produktionsanlagen. Die großen Wirtschaftsfirmen, Banken und Versicherungen, die bis 1945 in Berlin gesessen hatten, hatten ihren Hauptsitz zu diesem Zeitpunkt aber längst schon fast ausnahmslos nach Westdeutschland verlegt.

Wegen der sinkenden Bevölkerungszahl wurden in West-Berlin seit Ende der 60er-Jahre, später als in Westdeutschland, ausländische „Gastarbeiter" angeworben. Sie kamen zunächst mit einjährigen Arbeitsver-

Berliner Namensgebung

Diffizil waren Benennung und Schreibweise der beiden Berliner Stadthälften, durch die man seinen politischen Standpunkt sofort deutlich machen konnte. So sprachen westliche Medien lange Jahre noch von der „Sowjetzone", „Ostzone" oder schlicht der „Zone", später von der „sogenannten DDR" oder sie setzten das Kürzel in Anführungszeichen. Die DDR-Seite sprach von „BRD", die westdeutsche Seite von der „Bundesrepublik". Was im Westen „Ost-Berlin" genannt wurde, hieß dort offiziell zunächst „Demokratischer Sektor", dann „Demokratisches Berlin" oder „Berlin (DDR)", schließlich „Berlin, Hauptstadt der DDR". Der Westteil der Stadt schrieb sich nach östlicher Sprachregelung „Westberlin", die Westmächte beharrten in den Verträgen dagegen auf der Bezeichnung „Berlin (West)", im Westen üblich war die Schreibweise „West-Berlin". Gemäß der Verfassung von Berlin lautete die korrekte Bezeichnung „Land Berlin".

trägen, die aber dann wesentlich verlängert wurden, sodass viele Arbeiter schließlich ihre Familien nachholten. Nach Berlin kamen vor allem Türken, die anfangs in Wohnheimen untergebracht wurden, sich aber bald eigene Wohnungen mit niedriger Miete (und geringem Komfort), besonders in Kreuzberg, Neukölln und im Wedding, suchten. Die West-Berliner Volkszählung von 1987 ergab einen Ausländeranteil von elf Prozent – zur Hälfte Türken. Berlin war das erste Bundesland, das 1981 das Amt einer „Ausländerbeauftragten" schuf.

Der Ausländeranteil in der Bevölkerung Ost-Berlins betrug 1989 nur 1,6 Prozent (21.000 Menschen), denn der Zuzug in die DDR war strikt reglementiert. Vor allem Vietnamesen lebten mit befristeten Arbeitsverträgen in Sammelunterkünften ohne großen Kontakt zur deutschen Bevölkerung. Politisches Asyl gewährte die DDR nur selten. Spektakulär war die Aufnahme verfolgter Chilenen nach dem Militärputsch unter Augusto Pinochet in Chile 1973.

Ost-Berlin und der DDR brachte der Mauerbau eine wirtschaftliche Konsolidierung. Seit 1967 wurden kleinere Firmen zu Kombinaten zusammengeschlossen, private und halbstaatliche Firmen wurden verstärkt in „Volkseigene Betriebe" (VEB) umgewandelt. Nichtstaatliche Betriebe erwirtschafteten 1977 nur noch 0,7 Prozent der DDR-Produktion. Ost-Berlin war der größte Industriestandort der DDR, die führenden Branchen waren die Elektroindustrie, der Maschinen- und Fahrzeugbau, die chemische Industrie, die Leichtindustrie und die Lebensmittelindustrie. Anders als im Westteil der Stadt, wo man mit der Ostmark nichts anfangen konnte, galt die D-Mark in der DDR als inoffizielle Zweitwährung. Touristen aus dem Westen und DDR-Bürger, die Westgeld von Verwandten oder Bekannten erhalten hatten, konnten in den „Intershops" die begehrten Westprodukte erwerben.

Eine neue Phase begann für West-Berlin mit den Abkommen, die Anfang der 70er-Jahre die nach dem Zweiten Weltkrieg entstandene Situation als Realität nahmen. Grundlage war die von der SPD/FDP-Bundesregierung unter Willy Brandt seit 1969 betriebene Entspannungspolitik: In den Verträgen von Warschau und Moskau 1970 und 1971 erkannte die Bundesrepublik die Unverletzlichkeit der innerdeutschen Grenze und der Oder-Neiße-Grenze an. Im Gegenzug anerkannte die Sowjetunion im Vier-Mächte-Abkommen vom 3. September 1971, das im Kammergericht am Kleistpark ausgehandelt und unterzeichnet wurde, die engen Bindungen zwischen West-Berlin und der Bundesrepublik sowie die Sicherheit der Zufahrtswege.

Die Berlin-Regelung trat am 3. Juni 1972 in Kraft, nachdem zwischen der Bundesregierung und der Regierung der DDR ein Abkommen über den Transitverkehr von und nach West-Berlin sowie zwischen dem Senat und der DDR eine Reise- und Besuchsvereinbarung für die West-Berliner ausgehandelt waren.

Protestierende Studenten auf dem Kudamm vor dem Cinema Paris 1967 oder 1968

Der Studentenführer Rudi Dutschke (links) und der Kabarettist Wolfgang Neuss (rechts) in einem Gerichtssaal

Den Abschluss bildete der Grundlagenvertrag zwischen der Bundesrepublik und der DDR vom 21. Dezember 1972, in dem die Bundesrepublik die DDR anerkannte und ihr durch ihren Verzicht auf den „Alleinvertretungsanspruch" für Deutschland ermöglichte, diplomatische Beziehungen auch zu den westlichen Staaten aufzunehmen. Die Bundesregierung bestand allerdings auf einem Sonderverhältnis zwischen beiden deutschen Staaten, und so wurden in der jeweils anderen Hauptstadt keine Botschaften eingerichtet, sondern „Ständige Vertretungen". Die Vertretung der Bundesrepublik bei (!) der DDR eröffnete am 2. Mai 1974 in der Hannoverschen Straße.

West-Berliner Bürger konnten nun nach Antragstellung mit einem Besucherschein Ost-Berlin besuchen, wurden allerdings zum Mindestumtausch von 6,50 DM, ab 1980 25 DM in Mark der DDR gezwungen. Ost-Berliner konnten in dringenden Familienangelegenheiten nach West-Berlin reisen, und auch Rentnern über 65 stand die Grenze offen.

Die 1952 gekappten Telefonleitungen zwischen beiden Stadtteilen wurden wiederhergestellt. Die Transitautobahn von Berlin nach Helmstedt wurde mit westdeutschen Finanzmitteln erneuert, nach Hamburg entstand eine neue Autobahn. Der Teltowkanal wurde nach Westen hin wieder geöffnet; Güter durften in verplombten Fahrzeugen die DDR unkontrolliert passieren; die Gebühren für Transitvisa und Straßenbenutzung übernahm nun pauschal die Bundesregierung.

Mit dem neuen Parteichef Erich Honecker, der Walter Ulbricht 1971 ablöste, schien Bewegung in die Politik der DDR-Führung zu kommen. Im August 1973 verwandelte sich die ostdeutsche Hauptstadt für zehn

Die Ausbürgerung Wolf Biermanns

Eines der prägendsten Ereignisse der DDR-Geschichte war die Ausbürgerung Wolf Biermanns im Jahre 1976. Der gebürtige Hamburger war mit 17 Jahren 1953 in die DDR übergesiedelt, wo er politische Ökonomie, Philosophie und Mathematik studierte, als Regieassistent am Berliner Ensemble arbeitete, das Arbeiter- und Studententheater „bat" gründete und, angeregt durch die Bekanntschaft mit Hanns Eisler, 1960 begann, Lieder und Gedichte zu schreiben. Früh war Biermann den Parteioberen nicht geheuer: 1963 wurde das „bat" geschlossen, Biermann erhielt ein befristetes Auftrittsverbot, sein Aufnahmeantrag in die Partei wurde abgelehnt. Nach einigen Auftritten in der Bundesrepublik und der Veröffentlichung eines Gedichtbandes erhielt Biermann 1966 ein totales Auftritts- und Publikationsverbot in der DDR. Mithilfe eines aus dem Westen geschmuggelten Tonbandgeräts entstand 1968 in seiner Wohnung seine erste Langspielplatte, „Chausseestraße 131", der weitere folgten. Sie alle wurden in der Bundesrepublik veröffentlicht, illegal aber auch in der DDR verbreitet. Im November 1976 reiste Biermann auf Einladung der IG Metall zu einem Konzert nach Köln, das vom dritten Fernsehprogramm live übertragen wurde und in dem (der damals noch überzeugte Sozialist) Biermann die DDR zum Teil kritisierte, zum Teil verteidigte. Dennoch entzog ihm die Parteiführung am 16. November 1976 „wegen grober Verletzung der staatsbürgerlichen Pflichten" die DDR-Staatsbürgerschaft. Das ARD-Fernsehen strahlte daraufhin das Konzert in voller Länge noch einmal aus – und dadurch kamen viele DDR-Bürger erstmals überhaupt in Kontakt mit Biermann. Einen Tag nach der Ausbürgerung formulierten führende DDR-Schriftsteller eine Protesterklärung an die Staatsführung, der sich bald zahlreiche Künstler anschlossen. Die Parteioberen reagierten mit Schikanen, Auftrittsverboten u.ä. In der Folge verließen namhafte Künstler das Land, darunter Eva-Maria Hagen mit ihrer Tochter Nina, Katharina Thalbach und Armin Müller-Stahl. Seit der Ausbürgerung als Liedermacher und Schriftsteller wieder in Hamburg lebend, ist Wolf Biermann immer wieder mit streitbaren Äußerungen hervorgetreten. Am 26. März 2007 wurde er zum 115. Ehrenbürger von Berlin ernannt.

Tage in eine Freilichtbühne: Die von der FDJ organisierten „X. Weltfestspiele der Jugend und Studenten" brachten Jugendliche aus über 100 Staaten in die Stadt. Beispielhaft eingefangen ist die Aufbruchstimmung in Heiner Carows Film „Die Legende von Paul und Paula".

Doch das Tauwetter währte nicht lange. Unbequeme Künstler und Wissenschaftler erhielten Veröffentlichungs-, Auftritts- oder Lehrverbote, der regimekritische Physiker Robert Havemann etwa wurde unter Hausarrest gestellt, Wolf Biermann 1976 während einer Konzertreise in die Bundesrepublik ausgebürgert. Zahlreiche kritische Prominente wie der Schauspieler und Sänger Manfred Krug, die Sängerin Nina Hagen oder die Schauspieler Hilmar Thate und Angelika Domröse durften oder mussten die DDR verlassen; sie ließen sich fast alle auf der anderen Seite der Mauer, in West-Berlin, nieder.

Ost-Berlin, vor allem der Bezirk Prenzlauer Berg, entwickelte sich zum Anziehungspunkt für regimekritische Köpfe. Als Zentren der Kritik etablierten sich die Kirchen, eine breitere Öffentlichkeit gewann besonders die Friedensbewegung der 80er-Jahre mit ihrer Losung „Schwerter zu Pflugscharen". Beim „Berliner Appell" standen 1982 erstmals die christliche Friedensbewegung und Marxisten wie Havemann zusammen gegen die Parteilinie.

Im Blickpunkt war immer wieder die Ständige Vertretung der Bundesrepublik in Ost-Berlin, deren Lesesaal allen DDR-Bürgern offenstand. Besuche wurden allerdings von der Staatssicherheit genauestens vermerkt und konnten den Betroffenen Nachteile z.B. im Beruf einbringen.

Die Oberbürgermeister von Ost-Berlin

Friedrich Ebert (jun., 1894–1979)	1948–67
Herbert Fechner (1913–98)	1967–74
Erhard Krack (1931–2000)	1974–90
Christian Hartenhauer (geb. 1948, PDS)	Febr.–Mai 1990
Tino Schwierzina (1927–2002, SPD)	1990–91

Die Ersten Sekretäre der Bezirksleitung der SED Berlin

Hans Jendretzky (1897–1992)	1948–53
Alfred Neumann (1909–2001)	1953–57
Paul Verner (1911–86)	1959–71
Konrad Naumann (1928–92)	1971–85
Günter Schabowski (1929–2015)	1985–89

US-Präsident Ronald Reagan spricht am 12. Juni 1987 vor dem Brandenburger Tor. Rechts neben ihm Bundeskanzler Helmut Kohl und der Regierende Bürgermeister Eberhard Diepgen

Immer wieder blieben DDR-Bürger im Gebäude, um ihre Ausreise zu erzwingen – die in den letzten Jahren der DDR zumeist auch unter Vermittlung der Bundesregierung „geräuschlos" erfolgte.

Seit Mitte der 80er-Jahre verschafften die Menschen immer häufiger und offener ihrer zentralen Forderung nach Meinungs- und Reisefreiheit Gehör. Ihr Forum waren in der Regel Gottesdienste und Andachten in Kirchen wie der Gethsemanekirche in Prenzlauer Berg und der Zionskirche in Mitte, in deren Gemeindehaus die „Umweltbibliothek" als Zentrum der DDR-Umweltbewegung untergebracht war. Nachdem es etwa anlässlich der Demonstration zum Todestag von Karl Liebknecht und Rosa Luxemburg zu einer Gegendemonstration gekommen war, der der Staat nur durch Festnahmen zu begegnen wusste, versammelten sich am 30. Januar 1988 rund 2.000 Menschen in der Gethsemanekirche zu einer Solidaritätsandacht.

Mit seiner Aufforderung „Mr. Gorbatschow, tear down this wall!" sorgte US-Präsident Ronald Reagan in seiner Rede vor dem Brandenburger Tor 1987 für einiges Aufsehen. Doch die Politik der „Perestroika" in der Sowjetunion unter Michail Gorbatschow ging an der DDR-Führung spurlos vorüber. Noch im Januar 1989 erklärte Honecker, die Mauer werde „in 50 und auch in 100 Jahren noch bestehen bleiben, wenn die dazu vorhandenen Gründe noch nicht beseitigt sind".

Während die Bevölkerung Ost-Berlins kontinuierlich wuchs, sank die Einwohnerzahl West-Berlins beständig. Die alteingesessene Bevölkerung überalterte, da viele Menschen nach Abschluss der Berufsausbildung oder des Studiums keine Arbeit fanden und nach Westdeutschland zogen. Andererseits kamen junge Westdeutsche in die Inselstadt: zum Studieren, um die Wehrpflicht zu umgehen oder weil sie schlichtweg die weltweit einzigartige Atmosphäre dieser eingeschlossenen Stadt genießen wollten, in der sich ein ganz eigenes alternatives „Biotop" gebildet hatte. So entstand die erste politisch motivierte Wohngemeinschaft Deutschlands, die „Kommune 1" um Fritz Teufel, Rainer Langhans und Dieter Kunzelmann, 1967 in Berlin (in Friedenau, später am Stuttgarter Platz in Charlottenburg).

Die weltweite Studentenbewegung, die man später mit dem Schlagwort der „68er" bezeichnete, ging in Deutschland wesentlich von der

Wolf Biermann nach seiner Ausbürgerung 1980

Freien Universität Berlin aus. Wollten die Studierenden zunächst nur ihr Recht auf politische Aktionen an der als „Reformuniversität" gegründeten FU verteidigen, so brach die Bewegung im Endeffekt nicht nur die traditionellen Strukturen der bundesrepublikanischen Universitäten auf, sondern wirbelte die ganze westdeutsche Gesellschaft durcheinander. Bald schon forderten die Demonstranten auch die Aufarbeitung der nationalsozialistischen Vergangenheit, das Infragestellen der „Konsumgesellschaft" und der atomaren Aufrüstung sowie vor allem das Ende des Vietnamkriegs. Das Klima auf Berlins Straßen heizte sich auf. Am 2. Juni 1967 kulminierte die Entwicklung im Tod des Studenten Benno Ohnesorg, der bei einer Demonstration gegen den Staatsbesuch des Schahs von Persien vor der Deutschen Oper von einem Polizisten erschossen wurde. Der Regierende Bürgermeister Heinrich Albertz, als Pastor während der NS-Zeit ein wichtiger Kopf der Bekennenden Kirche, trat daraufhin zurück. Eine erneute Eskalation der Gewalt brachte der Mordanschlag auf den Studentenführer Rudi Dutschke, der am 11. April 1968 von einem Rechtsradikalen auf dem Kurfürstendamm (vor dem Haus Nr. 140) angeschossen wurde und 1979 an den Spätfolgen starb.

Eine kleine Gruppe aus der „Außerparlamentarischen Opposition" (APO) ging in den „Untergrund", um den Staat mit terroristischen Mitteln zu bekämpfen. Im Mai 1970 schossen die Berliner Journalistin Ulrike Meinhof und andere Gleichgesinnte den wegen Kaufhausbrandstiftung verurteilten Andreas Baader während eines bewachten Freigangs aus der Haftanstalt Tegel frei. Zweimal wurde Berlin Schauplatz eines Attentats der Baader-Meinhof-Gruppe bzw. „Rote Armee Fraktion" (RAF): bei der Ermordung des Kammergerichtspräsidenten Günter von Drenkmann am 10. November 1974 und bei der Entführung des CDU-Vorsitzenden und -Spitzenkandidaten Peter Lorenz im Februar 1975. Lorenz wurde im Austausch mit sechs inhaftierten Terroristen freigelassen. Bei der folgenden Wahl zum Abgeordnetenhaus Anfang März 1975 wurde die CDU erstmals stärkste Partei.

Der größere, friedliche Strang der Entwicklung führte von der Studentenbewegung zur „Alternativen Szene" und später zu den Parteien der „Alternativen Liste" und der „Grünen". In Berlin entstanden Wohngemeinschaften, „alternative" Betriebe, selbstverwaltete „Kinderläden". Kreuzberg wurde zum Synonym für alternative Lebensformen, aber auch für eine Stadt, in der man die Nacht zum Tag machen konnte – weil es im Gegensatz zur Bundesrepublik keine Polizeistunde gab.

Gegen Bauspekulanten, die zahlreiche Altbauten leerstehen und verfallen ließen, um sie dann abreißen zu können, bildete sich die Hausbesetzerszene. „Instandbesetzer" zogen in die leeren Altbauten, um sie vor dem Abriss zu retten und wiederherzurichten. Es kam zu zahlreichen Hausräumungen und zu Straßenschlachten zwischen der Polizei und zum Teil militanten Demonstranten. Der Regierende Bürgermeister Hans-Jochen Vogel leitete 1981 einen Politikwechsel ein, und bis 1984 wurden viele Hausbesetzungen im Nachhinein legalisiert; die ehemaligen Besetzer wohnen zum Teil noch heute in diesen Häusern.

Zum Paradigmenwechsel in der West-Berliner Baupolitik trug maßgeblich die Internationale Bauausstellung (IBA) bei, die sich zwischen 1979 und 1987 um die Instandsetzung der Altbauviertel im Osten Kreuzbergs und die Wiedergewinnung städtischen Lebens durch maßstabgerechte Neubauten im kriegszerstörten Westteil Kreuzbergs bemühte. Durch das von Josef Paul Kleihues geleitete Neubauprogramm wurde West-Berlin in den 80er-Jahren zum vielleicht interessantesten Treffpunkt der Architekturwelt.

Die Insellage führte aber auch zu einer Filzbildung in den Behörden und der Politik, Bauskandale zwangen zu Rücktritten. Nach einem kur-

Die Regierenden Bürgermeister von Berlin (1949–90 West-Berlin)

Ernst Reuter (1889–1953, SPD)	1947/48–53 (bis 1951 Oberbürgermeister)
Walther Schreiber (1884–1958, CDU)	1953–55
Otto Suhr (1894–1957, SPD)	1955–57
Willy Brandt (1913–92, SPD)	1957–66
Heinrich Albertz (1915–93, SPD)	1966–67
Klaus Schütz (1926–2012, SPD)	1967–77
Dietrich Stobbe (1938–2011, SPD)	1977–81
Hans-Jochen Vogel (1926–2020, SPD)	Januar–Juni 1981
Richard v. Weizsäcker (1920–2015, CDU)	1981–84
Eberhard Diepgen (geb. 1941, CDU)	1984–89 und 1991–2001
Walter Momper (geb. 1945, SPD)	1989–91
Klaus Wowereit (geb. 1953, SPD)	2001–14
Michael Müller (geb. 1964, SPD)	2014–21
Franziska Giffey (geb. 1978, SPD)	seit 2021

zen Intermezzo von Hans-Jochen Vogel als Regierendem Bürgermeister bildete nach der Wahl vom Mai 1981 Richard von Weizsäcker den ersten CDU-Minderheitssenat in der Geschichte Berlins, der bald zu einer CDU/FDP-Koalition erweitert wurde. Erstmals zog 1981 die „Alternative Liste" mit 7,2 Prozent der Wählerstimmen ins Abgeordnetenhaus ein, 1985 erreichte sie über 10, in Kreuzberg-Ost mehr als 30 Prozent der Stimmen. Als Weizsäcker 1984 für das Amt des Bundespräsidenten kandidierte, folgte ihm Eberhard Diepgen als Stadtoberhaupt nach. Noch in den 80er-Jahren zwangen Skandale zwei Bausenatoren zum Rücktritt, 1989 schließlich bekam West-Berlin erstmals eine rot-grüne Regierung unter dem Regierenden Bürgermeister Walter Momper (SPD).

Ein typisches Ost-West-Kuriosum war die Besetzung des Lenné-Dreiecks (heute Beisheim-Center), das zu Ost-Berlin gehörte, aber westlich der Mauer lag. Die Natur hatte sich dieses Niemandsland seit dem Mauerbau zurückerobert, und als das Gelände an West-Berlin getauscht und mit einer Straße bebaut werden sollte, wurde es im Juni 1988 von jungen Leuten kurzerhand besetzt. Als die West-Berliner Polizei schließlich zur Räumung ansetzte, flüchteten die Besetzer über die Mauer nach Ost-Berlin, von wo sie später unbehelligt in den Westen zurückkehrten.

Kultur und Wissenschaft

Ost-Berlin war politisch, wirtschaftlich und kulturell das Zentrum der DDR. 25 große Industriekombinate waren hier angesiedelt, und hier befanden sich über die Hälfte der Forschungskapazitäten der „Akademie der Wissenschaften der DDR", unter deren Dach alle großen außeruniversitären Forschungsprojekte im Land zusammengefasst waren. Trotz des Ausspruchs des SED-Politbüromitglieds Kurt Hager „Kunst ist immer Waffe im Klassenkampf" konnten sich viele Kulturinstitutionen Ost-Berlins – oft gegen die Bevormundung der Funktionäre – internationales Renommee erwerben. Das galt für die Staatsoper und die von Walter Felsenstein gegründete Komische Oper, für das von Kurt Sanderling geprägte Berliner Sinfonie-Orchester, das Hausorchester des bis 1984 wiederaufgebauten Schauspielhauses (heute Konzerthaus am Gendarmenmarkt), für Europas größtes Revuetheater im Friedrichstadtpalast, für das Kabarett „Die Distel", vor allem aber für die Sprechtheater Ost-Berlins, die in Maßen immer wieder regimekritische Botschaften formulierten: das Deutsche Theater, die Volksbühne, das von Brecht begründete Berliner Ensemble und das Maxim-Gorki-Theater. Ost-Berlin war Schauplatz bedeutender Festivals und das Zentrum einer kleinen, aber weltweit anerkannten Free-Jazz-Szene. Zurückgekehrte Emigranten wie Arnold Zweig und Anna Seghers, Bertolt Brecht und Johannes R. Becher gaben der DDR-Literaturszene in den ersten Jahren ihren Glanz, aber auch später lebten und arbeiteten fast alle, die in der DDR Rang und Namen hatten, in Berlin – von Christa Wolf bis Stefan Heym, von Heiner Müller bis Jurek Becker und Monika Maron.

Auch West-Berlin erhielt seine Attraktivität vor allem als Stadt der Kultur und der Wissenschaft. Der Senat initiierte zahlreiche neue Institutionen wie das Max-Planck-Institut für Bildungsforschung, das Wissenschaftszentrum, das Deutsche Institut für Entwicklungspolitik oder das Institut für Nordamerikaforschung (heute John-F.-Kennedy-Institut) der FU. Nahe der Mauer entstand das Kulturforum mit der Philharmonie, der Neuen Nationalgalerie und der (neuen) Staatsbibliothek. Mit den Staatlichen Bühnen Schillertheater und Schlossparktheater, der 1963 eröffneten Freien Volksbühne (erster Intendant: Erwin Piscator, heute Haus der Berliner Festspiele), dem Grips-Theater für Kinder und Jugendliche, den zahlreichen kleinen Bühnen der „Off-Theater"-Szene, vor allem aber der viele Jahre von Peter Stein geleiteten Schaubühne am Halleschen Ufer / seit 1981 am Lehniner Platz entwickelte sich West-Berlin zur führenden Theaterstadt. Das alte Charlottenburger Opernhaus wurde als Deutsche Oper Berlin wiederaufgebaut, das Theater des Westens als Operetten- und Musicalbühne wiedereröffnet, und das Berliner Philharmonische Orchester zählte unter dem langjährigen Chefdirigenten Herbert von Karajan – und zählt noch heute – zu den besten Sinfonieorchestern der Welt. Hinzu traten große Festivals wie die seit 1951 organisierten Berliner Festwochen, die Filmfestspiele „Berlinale" (ebenfalls seit 1951, neben Cannes und Venedig das dritte große Filmfestival der Welt), das „Theatertreffen" und Deutschlands erstes großes Jazzfestival, die seit 1964 stattfindenden Jazztage, seit 1981 Jazzfest. Zu einem Zentrum der deutschen Literatur entwickelte sich zeitweilig Friedenau, wo in den 60er-Jahren unter anderem Uwe Johnson, Günter Grass, Max Frisch und Hans Magnus Enzensberger wohnten.

Die Passkontrollen im Bahnhof Friedrichstraße Mitte November 1989

Nicht zu vergessen sei die Kunstszene West-Berlins mit einer unüberschaubaren Zahl an privaten Galerien, von denen aus in den 70er-Jahren die neoexpressionistischen „Neuen Wilden" wie Rainer Fetting, Helmut Middendorf und Salome den Sprung an die Spitze des weltweiten Kunstmarkts schafften.

Die „Wende" 1989/90

Auch wenn die Öffnung der Mauer am Abend des 9. November 1989 völlig unerwartet kam, hatten sich die Geschehnisse in der DDR und in Ost-Berlin doch schon über Monate hinweg angebahnt. Bei den Ost-Berliner Kommunalwahlen am 7. Mai 1989 erhielt die Einheitswahlliste „nur" 98,63 Prozent – ein historisches Tief. Dennoch gab es erstmals zahlreiche Einsprüche wegen Wahlfälschung. Immer mehr DDR-Bürger wagten, gegen den Staat aufzustehen.

Das Ende der DDR aber bahnte sich in Ungarn an, wo man am 17. Juli 1989 die Grenzen zu Österreich zu öffnen begann. Prompt reisten zahlreiche DDR-Bürger nach Ungarn, wo sie sich, an der Grenze abgewiesen, in die Botschaft der Bundesrepublik flüchteten. Auch in Prag

Die Protestkundgebung am 4. November 1989

Der Schriftsteller und spätere Bundestagsabgeordnete Stefan Heym bei der Protestkundgebung am 4. November 1989 auf dem Alexanderplatz: „Es ist, als habe einer das Fenster aufgestoßen, nach Jahren der geistigen, wirtschaftlichen und politischen Stagnation, nach Dumpfheit und Mief, Phrasengewäsch, bürokratischer Willkür und Blindheit. [...] Wir haben in den letzten Wochen unsere Sprachlosigkeit überwunden und sind dabei, den aufrechten Gang zu erlernen."

Und der Schriftsteller Christoph Hein sagte in seiner Ansprache: „Es gibt für uns alle viel zu tun, und wir haben wenig Zeit für diese Arbeit. Die Strukturen dieser Gesellschaft müssen verändert werden, wenn sie demokratisch und sozialistisch werden sollen. [...] Schaffen wir eine demokratische Gesellschaft, auf einer gesetzlichen Grundlage, die einklagbar ist. Einen Sozialismus, der dieses Wort nicht zur Karikatur macht. Eine Gesellschaft, die dem Menschen angemessen ist und ihn nicht der Struktur unterordnet. [...] Der Erfolg hat bekanntlich viele Väter, offenbar glauben viele, die Veränderungen in der DDR sind schon erfolgreich, denn es melden sich jetzt viele Väter dieses Erfolges. Merkwürdige Väter. Bis hoch in die Spitze des Staates. Aber ich denke, unser Gedächtnis ist nicht so schlecht, dass wir nicht wissen, wer damit begann, die übermächtigen Strukturen aufzubrechen. Wer den Schlaf der Vernunft beendete. Es war die Vernunft der Straße. Die Demonstrationen des Volkes."

und Warschau wurden die Botschaften überrannt, und bald warteten dort Tausende auf die Ausreise in den Westen. Die Öffnung der ungarischen Grenzen in der Nacht vom 10. auf den 11. September löste eine Massenflucht aus, die die DDR-Führung dadurch stoppte, dass sie nun auch die Staatsgrenzen zur Tschechoslowakei und nach Polen schloss. Die Flüchtlinge in Warschau und Prag ließ Honecker schließlich mit Sonderzügen, die über das Gebiet der DDR rollen mussten, ausreisen. Die DDR-Führung tat alles, um sich die Feiern zum 40. Jahrestag der DDR am 7. Oktober nicht verhageln zu lassen.

Zum Zentrum der DDR-weiten Proteste wurde Leipzig, wo seit dem 4. September jeden Montag unter der Parole „Wir sind das Volk" Demonstranten zusammenkamen, von Woche zu Woche mehr. Am 11. September erschien der Gründungsaufruf der ersten DDR-weiten Oppositionsgruppe „Neues Forum", es folgten „Demokratie Jetzt", der „Demokratische Aufbruch" und die „Sozialdemokratische Partei" (SDP). Die Blockparteien gingen unterdessen auf Distanz zur SED. Angesichts der unbeweglichen Haltung der Parteiführung mahnte der sowjetische

Parteichef Michail Gorbatschow als Ehrengast des 40. DDR-Jubiläums: „Wer zu spät kommt, den bestraft das Leben".

Zum Wendepunkt wurde der 9. Oktober, an dem 70.000 Montagsdemonstranten in Leipzig einer auffallend großen Zahl an „Sicherheitskräften" gegenüberstanden. Erst am 4. Juni waren auf dem „Platz des Himmlischen Friedens" in Peking Militärkräfte brutal gegen demonstrierende Studenten vorgegangen, und die DDR-Führung hatte dieses Vorgehen ausdrücklich gutgeheißen. Am Abend stand die Situation auf der Kippe, und über Stunden war die Angst groß, die DDR-Führung könnte zum Blutbad entschlossen sein. Doch schließlich zogen sich Militär und Polizei zurück – der Tag endete friedlich.

Zehn Tage später, am 18. Oktober, entmachtete das Politbüro Staats- und Parteichef Honecker, sein Nachfolger Egon Krenz verkündete umgehend eine grundlegende „Wende". Doch die „nicht genehmigten Demonstrationen" wurden immer zahlreicher. Am 29. Oktober stellten sich Berlins SED-Chef Günter Schabowski und Oberbürgermeister Erhard Krack erstmals dem Volk, am 4. November kamen im Zentrum Ost-Berlins über 500.000 Menschen zu einer Protestkundgebung zusammen, zu der „Kulturschaffende" wie die Schriftsteller Christa Wolf, Stefan Heym, Christoph Hein und Heiner Müller aufgerufen hatten.

Am Checkpoint Charlie in der Nacht vom 9. auf den 10. November 1989

Vor dem Brandenburger Tor war die Mauer drei Meter breit: genug Platz zum Feiern am 10. November 1989

Am selben Tag gab die DDR-Regierung den Weg in die CSSR – und damit in die Bundesrepublik – frei, am 7. November trat die Regierung unter Ministerpräsident Willi Stoph zurück, am folgenden Tag wurde das Politbüro neu gewählt. Und am Abend des 9. November 1989 verkündete SED-Bezirkschef und Politbüromitglied Schabowski auf einer live übertragenen Pressekonferenz das neue Reisegesetz, das „Privatreisen nach dem Ausland [...] ohne Vorliegen von Voraussetzungen, Reiseanlässen oder Verwandtschaftsverhältnissen" möglich machen sollte. Auf Nachfragen, wann das Gesetz in Kraft trete, sagte Schabowski, der bei der Beschlussfassung nicht anwesend gewesen war, zögernd „sofort, unverzüglich". Umgehend machten sich Tausende Ost-Berliner auf zu den Grenzübergängen, wo die überforderten Grenzer schließlich den Weg freigaben. Staunend und überglücklich strömten die Neugierigen in den Westen, wo es zu Jubelfeiern und Verbrüderungsszenen kam. Am Abend des 10. November erklärte der Regierende Bürgermeister Walter Momper während einer Feierstunde vor dem Rathaus Schöneberg: „Wir Deutschen sind jetzt das glücklichste Volk auf der Welt." Und Willy Brandt prägte den Satz: „Jetzt wächst zusammen, was zusammengehört."

In den folgenden Tagen und Wochen befand sich Berlin im Ausnahmezustand. Hunderttausende strömten von Ost nach West und von West nach Ost, Tausende kletterten auf die Mauer – vor allem am Brandenburger Tor, wo sie breit wie ein Damm war und vielen Menschen bequem Platz bot. Die West-Berliner Geschäfte wurden gestürmt, U-Bahnhöfe wegen Überfüllung geschlossen, hupende Trabbis kurvten durch West-Berlin. „Mauerspechte" meißelten Erinnerungsstücke aus dem Betonwall – bis man an vielen Stellen hindurchschauen konnte. Im Januar 1990 begann der planmäßige Abbruch und der Verkauf einzelner Mauerstücke an Interessenten aus aller Welt.

Am 17. November wählte die Volkskammer den als Reformer geltenden Dresdner SED-Bezirkschef Hans Modrow zum neuen Ministerpräsidenten, am 1. Dezember wurde der Führungsanspruch der SED aus der DDR-Verfassung gestrichen. Honecker, Stoph und der Minister für Staatssicherheit, Erich Mielke, wurden aus der SED ausgeschlossen; Zentralkomitee und Politbüro der SED traten zurück, Krenz legte das Amt des Staatsrats-

> Dies ist ein schöner Tag nach einem langen Weg. Doch wir befinden uns erst an einer Zwischenstation. [...] Es wird jetzt viel davon abhängen, ob wir uns – wir Deutsche, hüben und drüben – der geschichtlichen Situation gewachsen erweisen. Das Zusammenrücken der Deutschen, darum geht es. Das Zusammenrücken der Deutschen verwirklicht sich anders, als es die meisten erwartet haben. Und keiner sollte jetzt so tun, als wüsste er ganz genau, in welcher konkreten Form die Menschen in den beiden Staaten in ein neues Verhältnis zueinander geraten werden. Dass sie in ein anderes Verhältnis zueinander geraten, dass sie in Freiheit zusammenfinden und sich entfalten können, darauf kommt es an. Und sicher ist, dass nichts im anderen Teil Deutschlands wieder so werden wird, wie es war. [...] Deshalb sage ich nicht nur, dass wir bis zum Ende der Spaltung noch einiges vor uns haben, sondern ich erinnere uns auch daran, dass alles nicht erst am 13. August 1961 begonnen hat. Das deutsche Elend begann mit dem terroristischen Nazi-Regime und dem von ihm entfesselten Krieg. Jenem schrecklichen Krieg, der Berlin wie so viele andere deutsche und nichtdeutsche Städte in Trümmerwüsten verwandelte. Aus dem Krieg und auch der Veruneinigung der Siegermächte erwuchs die Spaltung Europas, Deutschlands und Berlins. Jetzt wächst zusammen, was zusammengehört. Jetzt erleben wir, und ich bin dem Herrgott dankbar dafür, dass ich dies miterleben darf: Die Teile Europas wachsen zusammen.
> *Aus der Rede des ehemaligen Regierenden Bürgermeisters Willy Brandt am 10. November 1989 vor dem Schöneberger Rathaus*

Mauerspechte in Aktion 1990

vorsitzenden nieder, und am 7. Dezember tagte im Dietrich-Bonhoeffer-Haus in der Ziegelstraße 30 erstmals der „Zentrale Runde Tisch". Hier und später im Schloss Niederschönhausen diskutierten Vertreter aller wichtigen Oppositionsgruppen und Parteien den Übergang zu demokratischen Strukturen. Die politische Zukunft Ost-Berlins erörterte bereits seit dem 4. Dezember der „Berliner Runde Tisch" im Roten Rathaus. In rascher Folge wurden neue Grenzübergänge geöffnet, am 22. Dezember schließlich auch am Brandenburger Tor. Erste Linienbusse überquerten die Staatsgrenze, Visumspflicht und Zwangsumtausch für West-Berliner wurden abgeschafft.

Allmählich wurde dem „Normalbürger" das Ausmaß der Bespitzelung durch das Ministerium für Staatssicherheit bewusst. Mitte Januar 1990 stürmten wütende Bürger die Stasi-Zentrale in der Lichtenberger Normannenstraße; später sicherte eine Mahnwache die Archivbestände vor weiterer Zerstörung, damit man das Stasi-Unrecht künftig würde aufarbeiten können.

Die ersten freien Wahlen der DDR am 18. März 1990 brachten einer Partei die Mehrheit, die nur wenige auf der Rechnung hatten: Die frühere „Blockpartei" CDU siegte (in einem Wahlbündnis „Allianz für Deutschland") mit 48,0 Prozent (in Berlin 21,8 Prozent) vor der SPD und der PDS

(Partei des Demokratischen Sozialismus), in die sich die SED umbenannt hatte. Die führenden Kräfte des Umbruchs, die als „Bündnis 90" antraten, wurden für ihren Einsatz nicht belohnt und schafften lediglich 2,9 Prozent. Lothar de Maizière wurde Ministerpräsident einer CDU/SPD-Koalition, der letzten DDR-Regierung. Bei der ersten freien Wahl zur Ost-Berliner Stadtverordnetenversammlung im Mai errang die SPD die Mehrheit; Oberbürgermeister wurde Tino Schwierzina.

Rasch wurde deutlich, dass es künftig keine Eigenstaatlichkeit der DDR mehr geben würde – die Rufe „Wir sind ein Volk" oder „Kommt die D-Mark nicht zu uns, gehen wir zu ihr" forderten die rasche Vereinigung der beiden Teilstaaten. Zum 1. Juli 1990 wurde die D-Mark mit der Währungs-, Wirtschafts- und Sozialunion zur offiziellen Währung auch in der DDR. Am 23. August beschloss die Volkskammer den Beitritt der fünf neugebildeten Länder der DDR (Mecklenburg-Vorpommern, Brandenburg, Sachsen-Anhalt, Sachsen und Thüringen) zur Bundesrepublik gemäß Artikel 23 des Grundgesetzes zum 3. Oktober 1990. Am 12. September verzichteten die Siegermächte des Zweiten Weltkriegs im Zwei-plus-Vier-Vertrag auf ihre Rechte und Verantwortlichkeiten in Bezug auf Deutschland und Berlin, und am 20. September ratifizierten Bundestag und Volkskammer den „Einigungsvertrag".

Einen Tag nach der Vereinigung tagte am 4. Oktober 1990 im Reichstag der erste gesamtdeutsche Bundestag, dem nun auch 144 Vertreter der fünf neuen Bundesländer angehörten. Am 2. Dezember erfolgten die ersten gesamtdeutschen Bundestagswahlen, bei denen die CDU/FDP-Regierung unter Helmut Kohl (CDU) bestätigt wurde. Die Abgeordnetenhauswahl am selben Tag machte die CDU auch in Berlin zur stärksten Partei, und Eberhard Diepgen kehrte als Chef einer „großen Koalition" aus CDU und SPD ins Amt des Regierenden Bürgermeisters zurück. Zur Verfassung des wiedervereinigten Berlin bestimmte das Abgeordnetenhaus im Januar 1991 die Verfassung von 1950, die seitdem ohne die alliierten Vorbehalte gilt. Berlin ist nun ein Bundesland wie die 15 anderen deutschen Länder. Seit dem 3. Oktober 1991 amtiert der Regierende Bürgermeister wieder im Roten Rathaus, im April 1993 zog das Abgeordnetenhaus vom Rathaus Schöneberg in das alte Preußische Abgeordnetenhaus. Im Sommer 1994 schließlich verließen die Alliierten Truppen Berlin, zunächst die Westalliierten, zwei Monate später die russischen Streitkräfte.

Ab 1990
Berlin seit der Wiedervereinigung

Am 20. Juni 1991 entschied der Deutsche Bundestag mit der knappen Mehrheit von 338 zu 320 Stimmen die Verlegung des Bundestags und der Bundesregierung von Bonn nach Berlin. Die Euphorie in der Hauptstadt, die wieder Parlaments- und Regierungssitz werden sollte, war groß. Politiker, Investoren und Projektentwickler gaben sich dem Rausch einer „zweiten Gründerzeit" hin, die über Nacht ungeahnte Möglichkeiten zu eröffnen schien. Dabei stand die wiedervereinigte Stadt vor gewaltigen Aufgaben. Der Übergang von der Plan- zur Marktwirtschaft fiel schwerer, als von vielen Politikern prophezeit und von vielen Menschen bereitwillig geglaubt. Die Erweiterung des deutschen Binnenmarktes brachte vielen westdeutschen Firmen gute Geschäfte, bedeutete für viele ostdeutsche Betriebe aber das Ende ihrer Existenz, zumal die bisherigen Absatzmärkte in Osteuropa weitgehend wegbrachen. Die VEBs wurden durch die „Treuhandgesellschaft" saniert und verkauft oder abgewickelt: insgesamt 8.000 Unternehmen mit 40.000 Werken und sechs Millionen Beschäftigten. Viele Arbeitnehmer gingen vorzeitig in den Ruhestand oder landeten in Umschulungs- und Arbeitsbeschaffungsmaßnahmen, die sich oft nur als Zwischenschritt in die Arbeitslosigkeit erwiesen. Der Abbau der Bundessubventionen, der schneller erfolgte als die Beseitigung der

Fröhliche Stimmung, als am 3. Oktober 1990 vor dem Reichstag die schwarz-rot-goldene Bundesflagge gehisst wird

Das Reichstagsgebäude

Seit 1999 ist der Reichstag Sitz des Deutschen Bundestages. Nur das äußere Mauerwerk stammt noch aus dem 19. Jahrhundert, vom prunkvollen Innenleben des 1886–94 nach Plänen von Paul Wallot errichteten Neorenaissance-Baus ist nichts übriggeblieben. Ursprünglich erhob sich über dem zentralen, holzvertäfelten Plenarsaal auf rechteckiger Grundfläche eine Kuppel aus Eisen und Glas, die als technisches Meisterwerk galt. Gleich nach der Gründung des Deutschen Reiches 1871 hatte man einen Architekturwettbewerb ausgeschrieben, dessen überlegener Sieger Ludwig Bohnstedt hieß. Aber sein monumental spätklassizistischer, in der Öffentlichkeit populärer Entwurf verschwand in der Schublade. 1882 gewann Paul Wallot einen zweiten Wettbewerb. Doch auch der Privatarchitekt aus Frankfurt/Main musste lange Querelen mit Kaiser und Behörden durchstehen, bis der Bau 1894 eingeweiht werden konnte. Die endgültige Entscheidung für die Fassadengestaltung fiel erst 1886, zwei Jahre nach Baubeginn, und noch 1890, als die inneren Stützmauern bereits standen, musste nach dem Willen Wilhelms II. eine neue Kuppel entworfen werden. Heraus kam schließlich eine Vierflügelanlage mit zwei Innenhöfen und dem Plenarsaal im Zentrum. Die Hauptfront zeigt nach Westen, weg vom Stadtzentrum. Auf der Kuppel in Höhe von 75 Metern, und damit über dem ganzen Parlamentsgebäude, thronte eine Kaiserkrone.

Beim „Reichstagsbrand" am 28. Februar 1933 und in den letzten Kriegstagen 1945 weitgehend zerstört, wurde der Bau (ohne Kuppel) nüchtern-sachlich wiederhergestellt und diente dem Deutschen Bundestag als Versammlungsort für besondere Anlässe – wie die Wahl eines Bundespräsidenten. Nach dem Beschluss, den Reichstag erneut zum Sitz des deutschen Parlaments zu machen, wurde der Bau 1995–99 entkernt und nach Plänen von Norman Foster mit völlig neuem Innenleben versehen. Über dem Plenarsaal erhebt sich nun eine Glaskuppel auf rundem Grundriss, deren Rampen – mit bestem Blick auf die Stadt – für jedermann zugänglich sind.

Teilungsfolgen für beide Stadthälften, führte auch im Westteil Berlins zu Betriebsschließungen oder -verkleinerungen; zudem zogen zahlreiche West-Berliner Firmen ins Umland. Insgesamt ging bis Mitte der 90er-Jahre fast jeder zweite Industriearbeitsplatz in Gesamt-Berlin verloren.

Als Bremse für allzu schnelle Entwicklungen erwies sich der im Einigungsvertrag festgeschriebene Grundsatz „Rückgabe vor Entschädigung", der die Besitzverhältnisse auf dem ostdeutschen Immobilienmarkt gehörig durcheinanderwirbelte und so manches Bauprojekt auf die lange Bank schob. Allein in Ost-Berlin mussten 200.000 Rückübertragungsanträge auf Immobilien entschieden werden.

1990	1991	1993	1995	1996	1999
	Der Bundestag entscheidet, Parlament und Regierungssitz nach Berlin zu verlegen	Berlin wird Sitz des Bundespräsidenten	Christo verhüllt den Reichstag	Die Fusion der Länder Berlin und Brandenburg scheitert	Bundestag und Bundesregierung nehmen ihre Arbeit in Berlin auf

Der Wirtschaftsboom, den man Berlin in der ersten Vereinigungseuphorie voraussagte, trat nicht ein. Für viele Jahre blieben die Bevölkerungszahlen der Stadt Berlin mit 3,4 Millionen und des gesamten Ballungsraumes mit 4,5 Millionen Einwohnern nahezu konstant. Nur sehr wenige große Firmen verlegten ihre Haupt-, Europa- oder Deutschlandzentralen nach Berlin. Die Wirtschaft Berlins ist heute stärker denn je geprägt vom Dienstleistungssektor, von den Bundes- und Landesbehörden, von hauptstädtischen Repräsentanzen der Wirtschafts- und Lobbyverbände und den Medien, die sich parallel zur Bundesregierung in der alt-neuen Hauptstadt angesiedelt haben. Einen bedeutenden Aufschwung erlebten allerdings die „kreativen" Bereiche der neuen Medien, der Musik-, Buch- und Filmbranche, der Mode und der Werbung, die Berlin als interessantesten Standort in Deutschland entdeckten.

Die Stadt wurde nach der Maueröffnung zum Experimentierfeld, das junge, kreative Köpfe aus allen Teilen Deutschlands und der Welt wie ein Magnet anzog. Vor allem im alten Ostteil entwickelte sich eine spannende Kultur- und Musikszene, entstanden Bars, Cafés und Clubs in Ruinen und Kellern, alten Fabrikhallen und leerstehenden Wohnungen. Der Charme des Aufbruchs, der sich in den ersten Nachwendejahren entfaltete, verflog allerdings bald nach der Jahrtausendwende wieder. Die Verhältnisse, die rechtlichen und architektonischen, wurden allmählich wieder geordnet. Viele Brachen wurden bebaut, verlassene Bauten saniert oder abgerissen zugunsten von neuen Wohn- oder Bürohäusern. Dennoch: Auch das „neue" Berlin hat sich Lebendigkeit und Kreativität bewahrt. Es ist wieder eine „junge" Stadt, eine Stadt der kulturellen Avantgarde, in der sich selbst die arrivierte Promi-„Schickeria", die es zuvor in Berlin nicht gab, im Blickpunkt der Medien wohlfühlt.

Im vierten Jahrzehnt nach der Wiedervereinigung Berlins ist die Nachwendezeit einerseits abgeschlossen, zum anderen befindet sich die Stadt

2000	2001	2010	2015/16	2020	2021	2022
	Bezirksreform: Aus 23 werden 12 Bezirke		Flüchtlingskrise	Corona-Pandemie; der Flughafen BER wird eröffnet	Das Humboldt Forum wird eröffnet	Ukraine-Krieg

noch immer im steten Wandel. So muss hier einiges in der Gegenwarts-, anderes in der Vergangenheitsform formuliert werden.

Das äußere Bild Berlins hat sich gravierend gewandelt. Auf den riesigen Freiflächen im Herzen der Stadt, die durch den Fall der Mauer plötzlich verfügbar waren, sind neue Stadtviertel entstanden: am Spreebogen, am Potsdamer Platz, an der Friedrichstraße, auf dem ehemaligen Mauerstreifen zwischen Mitte und Kreuzberg. Neue Büro- und Wohnhäuser haben zahllose Baulücken geschlossen. Zum Teil erbitterte Diskussionen um die einheitliche Traufhöhe, steinerne Fassaden (kontra Glas) oder den Erhalt der wenigen Altbauten in Berlins Mitte erhitzten über Jahre hinweg die Gemüter. Neue Bauaufgaben sind durch die demografische Entwicklung Berlins in den letzten Jahren hinzugekommen,

Bei der Loveparade 1996 tanzen rund 750.000 Besucher auf der Straße des 17. Juni zu Techno-Beats

Die Eröffnung des Hauptbahnhofs am 26. Mai 2006

doch einige zentrale Bereiche, die schon bald nach dem Mauerfall ins Blickfeld der Stadtplaner geraten waren, werden erst jetzt entwickelt und bebaut, etwa die „Europacity" nördlich des neuen Hauptbahnhofs – ein großes Areal mitten in der Stadt, das über Jahrzehnte hinweg ein Mauerblümchendasein fristete. Oder auch die Re-Urbanisierung der Spreeufer in Kreuzberg und Friedrichshain, die noch längst nicht abgeschlossen ist.

Wieder mit Leben gefüllt ist inzwischen Berlins zentraler Platz: Nachdem der Palast der Republik wegen Asbests bereits entkernt worden war, wurde er 2006–08 abgerissen. Gemäß einem Bundestagsbeschluss und dem Ergebnis eines Architekturwettbewerbs entstand nach Plänen des Italieners Franco Stella ein Neubau hinter der (auf drei Seiten – nicht zur Spree hin) rekonstruierten Schlossfassade. Es dauerte bis 2013, ehe der Grundstein gelegt werden konnte, und selbst da waren noch viele Fragen zur Finanzierung und zur „Bespielung" des sogenannten Humboldt Forums offen. Schon im Jahr 2000 war die Idee aufgekommen, die außereuropäischen Sammlungen der Stiftung Preußischer Kulturbesitz in den Schlossneubau zu verlegen. Eine international besetzte Expertenkommission empfahl das später ausdrücklich, und weithin wurde die Idee gelobt, im Zentrum einer europäischen Hauptstadt die

Kunst der ganzen Welt auszustellen – in direkter Nachbarschaft und in der guten Tradition der Museumsinsel. Die Humboldt-Universität sollte ein „Schaufenster der Wissenschaft" einrichten, als dritter Partner war die Stadtbibliothek, später das Berliner Stadtmuseum vorgesehen. Als das Haus 2021 endlich eröffnet werden konnte, hatte sich die Sicht auf die Dinge jedoch komplett gedreht: Heute werden die einstigen Kolonialmächte, zu denen auch Deutschland gehört, für ihren Umgang mit diesem kolonialen Erbe scharf kritisiert. Man dürfe sich nicht mit gestohlenen oder zumindest auf fragwürdige Weise nach Europa gekommenen Stücken schmücken, sondern habe die moralische Verpflichtung, sie den Ursprungsländern zurückzugeben. Ein erstes Abkommen unterzeichnete die deutsche Bundesregierung mit Nigeria am 1. Juli 2022 über die Rückgabe der sogenannten „Benin-Bronzen". Fast alle der betroffenen Kunstwerke blieben aber als Leihgabe vorerst in den deutschen Museen, darunter auch im Humboldt Forum. Wie sich die Situation weiterentwickeln wird, bleibt abzuwarten. Sicher ist aber, dass mit dem Humboldt Forum ein spannender Ausstellungs- und Diskussionsort für Kunst und Wissenschaft entstanden ist – über dessen Architektur man allerdings streiten kann.

Schräg gegenüber dem Humboldt Forum dagegen ist die Nachwendezeit noch nicht abgeschlossen: 33 Jahre nach dem Mauerfall steht dort

Ungewöhnlicher Stilmix: Das 2021 eröffnete Humboldt Forum zeigt auf drei Seiten die rekonstruierten Fassaden des barocken Stadtschlosses

noch immer eine Tafel, die auf den bevorstehenden Wiederaufbau der Schinkel'schen Bauakademie hinweist. Ob er jemals Realität wird, steht in den Sternen. Und auch die Sanierung der Museumsinsel ist zwar weit fortgeschritten – etwa mit dem Neubau der James-Simon-Galerie und der eigenwilligen Wiederherstellung des ruinösen Neuen Museums, beides nach Plänen des geradezu omnipräsenten britischen, in Berlin lebenden Architekten David Chipperfield. Aber sie ist noch immer nicht abgeschlossen.

In den Außenbezirken Berlins sind neue Wohnstädte entstanden, im östlichen Innenstadtbereich wurden die großen Altbauviertel fast flächendeckend saniert. In manchen Gebieten, etwa der Spandauer Vorstadt, im Prenzlauer Berg oder in Friedrichshain, hat sich die Bevölkerungsstruktur binnen weniger Jahre radikal gewandelt. Viele Neu-Berliner zog es in die „In-Viertel", während viele alteingesessene Berliner „aufs Land", in die rasant gewachsenen Siedlungen im „Speckgürtel" rings um Berlin zogen.

Erst allmählich wuchs die Stadt wieder zusammen: im Straßennetz sowie im Netz der U- und S-Bahnen innerhalb der Stadt und ins Umland; sogar die Straßenbahn, die man 1967 aus West-Berlin verbannt hatte, kehrte in den Westteil zurück. Berlin wurde Teil des Verkehrsverbundes Berlin-Brandenburg. Seit der Eröffnung des neuen Teilstücks der U5 zwischen Brandenburger Tor und Alexanderplatz 2020 umfasst das Berliner U-Bahn-Netz zehn Linien mit einer Streckenlänge von 155 Kilometern.

Auch die Autobahnen, Fernbahnstrecken und Wasserstraßen wurden saniert und ausgebaut. Mit dem 2006 eröffneten Hauptbahnhof hat Berlin erstmals einen zentralen Bahnhof erhalten, der die alte Ost-West-Stadtbahn mit einer neugebauten unterirdischen Nord-Süd-Trasse verbindet. Und als Ersatz für die innerstädtischen Flughäfen Tempelhof, der bereits zum 1. November 2008 geschlossen wurde, und Tegel entstand vor den südlichen Toren Berlins, in unmittelbarer Nachbarschaft zum alten Ost-Berliner Flughafen Schönefeld, der neue Flughafen „Berlin Brandenburg Willy Brandt", kurz BER genannt. 2006 begannen die Bauarbeiten, 2011 sollte der Flughafen seinen Betrieb aufnehmen, 2020 konnte er endlich eröffnet werden – auch dies ein Projekt, das noch in die Nachwendezeit gehört.

Berlin und sein Umland sind inzwischen eng verzahnt – auch wenn die geplante Fusion der Bundesländer Berlin und Brandenburg in der Volksabstimmung vom 5. Mai 1996 am Votum der Brandenburger Wähler

Wurde vom Prestigeprojekt fast zum Symbol der Berliner Unfähigkeit: Mit neun Jahren Verspätung wurde der Flughafen BER doch noch 2020 eröffnet

scheiterte und auch derzeit nicht zur Diskussion steht. Medienpolitisch etwa ist die Region längst vereinigt, seit SFB (Sender Freies Berlin) und ORB (Ostdeutscher Rundfunk Brandenburg) im Jahr 2004 zum rbb (Rundfunk Berlin-Brandenburg) fusionierten. Produziert und gesendet wird an zwei Standorten: Berlin und Potsdam.

Doch zurück zur Chronologie: Wesentlich später als erhofft und vier Jahre später als geplant kam der Regierungsumzug. 1999 rollten die Umzugswagen vom Rhein an die Spree, nachdem Bundespräsident Richard von Weizsäcker schon 1993 seinen ersten Amtssitz nach Berlin verlegt hatte. Das deutsche Parlament bezog den Reichstag, der nach Plänen von Norman Foster in den alten Außenmauern völlig neu erbaut und mit einer begehbaren Glaskuppel bekrönt wurde. Vor Beginn des Umbaus, im Sommer 1995, hatte ihn das Künstlerpaar Christo und Jeanne-Claude in einer faszinierenden Kunstaktion für 14 Tage mit einem silbernen Kunststoffgewebe „verhüllt". Unmittelbar nördlich vom Reichstag quert das „Band des Bundes" den Spreebogen und zweimal die Spree – eine städtebaulich gelungene Anlage des Berliners Axel Schultes, in die nicht nur zwei neue Bürobauten für die Abgeordneten und Mitarbeiter des Bundestages integriert wurden, sondern auch das am 2. Mai 2001 über-

Das 2001 eingeweihte Bundeskanzleramt

gebene Bundeskanzleramt. Zwei Jahre lang hatte Bundeskanzler Gerhard Schröder im ehemaligen Staatsratsgebäude am Schlossplatz Zwischenquartier nehmen müssen. Der Bundesrat tagt nun im ehemaligen Preußischen Herrenhaus, die Bundesministerien wurden in sanierten und zum Teil erweiterten Altbauten im Zentrum Berlins untergebracht. Das Innenministerium und das Bildungsministerium haben inzwischen große Neubauten nahe dem Hauptbahnhof an der Spree erhalten. Wie im Berlin-Bonn-Gesetz 1994 vereinbart, arbeiten alle Minister in Berlin; einige Ministerien (deren Zuschnitt nach jedem Regierungswechsel in Teilen geändert wird) behielten jedoch ihren Hauptsitz und das Gros ihrer Mitarbeiter in Bonn. Über Sinn und Unsinn dieser Regelung kann man trefflich streiten – aus der öffentlichen Diskussion ist das Thema aber seit Jahren verschwunden.

Parallel zur Regierung zogen die diplomatischen Vertretungen von Bonn nach Berlin, zum Teil in aufwendige Neubauten. Und auch die großen Wirtschafts- und Lobbyverbände erbauten sich neue Repräsentanzen in der Hauptstadt.

Die Aufarbeitung der DDR-Vergangenheit ist bis heute nicht abgeschlossen. 178 Kilometer Aktenordner hat das Ministerium für Staatssicherheit hinterlassen, seit 1990 werden die Akten, von denen viele in mühsamer Kleinarbeit aus Reißwolf-Schnipseln rekonstruiert werden müssen, von den Mitarbeitern des „Bundesbeauftragten für die Unterlagen des Staatssicherheitsdienstes" – nach dem ersten Amtsinhaber und späteren Bundespräsidenten Joachim Gauck lange Gauck-Behörde genannt – ausgewertet. Zehntausende DDR- und Bundesbürger wurden als „Inoffizielle Mitarbeiter" enttarnt. Justizopfer wurden rehabilitiert; Grenzsoldaten, die auf Flüchtlinge geschossen hatten, wurden vor Gericht gestellt, ebenso hochrangige Politiker wie Willy Stoph, Erich Mielke, Egon Krenz und Erich Honecker, der im März 1991 nach Moskau floh, wenige Monate später aber zurückkehrte und im Januar 1993 krankheitsbedingt ins Exil nach Chile ausreisen durfte. 75 Straßen und Plätze, die nach „aktiven Demokratiegegnern und Verfechtern kommunistischer Unrechtsregime" benannt waren, wurden umbenannt, Denkmäler abgerissen – zumeist begleitet von Diskussionen oder Protesten.

Doch es galt auch, die Spuren der Geschichte zu sichern. Zahlreiche Gedenkstätten wie das ehemalige Stasi-Gefängnis Hohenschönhausen, das 2005 eröffnete Stelenfeld nahe dem Brandenburger Tor, das als Denkmal für die ermordeten Juden Europas dient, die Denkmäler für die im Nationalsozialismus verfolgten Homosexuellen (2008) und für die ermordeten Sinti und Roma (2012) in unmittelbarer Nähe oder die neu-

Seit 1979 zugleich politische Demonstration und buntes Volksfest: der Christopher Street Day. Ein Schnappschuss von 2019

Ein Feld von 2.710 Betonstelen bildet das 2005 eröffnete Denkmal für die ermordeten Juden Europas

gestaltete Gedenkstätte Berliner Mauer in der Bernauer Straße halten die Erinnerung an die düsteren Kapitel der deutschen und der Berliner Geschichte wach. Dazu gehören auch die inzwischen fast 9.700 Stolpersteine in Berlin (Stand Juni 2022), die der Künstler Gunter Demnig in die Gehwege einlässt und die an Menschen erinnern, die in den Jahren 1933–45 von den Nationalsozialisten verfolgt wurden.

Als zentrale Gedenkstätte der Bundesrepublik für die Opfer von Krieg und Gewaltherrschaft dient seit 1993 Schinkels Neue Wache Unter den Linden, in der eine vergrößerte Nachbildung einer Bronze-Pietà von Käthe Kollwitz aufgestellt ist. Lange gestritten wurde auch über die Ausrichtung des „Dokumentationszentrums Flucht, Vertreibung, Versöhnung", das 2021 am Anhalter Bahnhof eröffnet wurde. Sollte ursprünglich nur an Flucht und Vertreibung von rund 14 Millionen Deutschen im und nach dem Ende des Zweiten Weltkrieges erinnert werden, so ist die Ausstellung nun weiter gefasst und nimmt die gesamte europäische Geschichte der Zwangsmigrationen im 20. und 21. Jahrhundert in den Blick. Das Thema ist unerwartet aktuell geworden. 2015/16 kamen in Folge des Syrien-Krieges zahlreiche Flüchtlinge nach Berlin, ebenso seit Februar 2022, als Russland den Krieg gegen die Ukraine begann.

Berlin als deutsche Hauptstadt stand und steht in solchen Phasen besonders im Blickfeld, und da gab die Stadt oft kein gutes Bild ab. Denn Berlin hat zwar viel gewonnen durch die Vereinigung, doch finanziell trug und trägt es noch immer schwer an den Lasten der Vergangenheit. Dazu gehörte die viel zu große Anzahl Personal im Öffentlichen Dienst, die erst über die Jahre verringert werden konnte. Ein wichtiger Schritt, die Verwaltung effizienter zu organisieren, erfolgte mit der Bezirksreform zum 1. Januar 2001, bei der die 23 Berliner Bezirke zu 12 Großbezirken fusioniert wurden. Der zum Teil unsägliche Kompetenzwirrwarr zwischen Land und Bezirken wurde allerdings nicht beseitigt. Institutionen wie Museen und Theater, Opernhäuser und Sinfonieorchester, Universitäten und Hochschulen, Fernseh- und Rundfunksender sowie Nahverkehrsbetriebe, Strom-, Wasser- und Gasversorger, die seit der Wiedervereinigung doppelt und dreifach in der Stadt vorhanden waren, wurden umstrukturiert, fusioniert oder auch abgewickelt.

US-Präsident Barack Obama 2013 zu Gast in Berlin. Mit ihm auf der Bühne am Brandenburger Tor: Bundeskanzlerin Angela Merkel und der Regierende Bürgermeister Klaus Wowereit

Die Vereinigung bescherte Berlin gerade auf den Gebieten der Kultur und der Wissenschaft einen enormen Reichtum, der die Finanzkraft der Stadt jedoch überforderte. Der Bund hat zwar einige Institutionen in seine Regie (und Finanzierung) übernommen, doch die Verankerung der Hauptstadtfunktion Berlins als gesamtstaatliche Aufgabe im Grundgesetz scheiterte zunächst mit der Föderalismuskommission im Dezember 2004. Beim zweiten Anlauf beschlossen Bundestag und Bundesrat 2006 dann, Berlin als Hauptstadt der Bundesrepublik Deutschland ins Grundgesetz aufzunehmen und festzuschreiben, dass die Repräsentation des Gesamtstaates in der Hauptstadt Aufgabe des Bundes ist.

Eine zusätzliche Belastung für die Finanzen Berlins brachte die milliardenschwere Krise der landeseigenen Bankgesellschaft, die im Juni 2001 zum Ende der CDU/SPD-Koalition (unter Eberhard Diepgen) und zu einer Übergangsregierung von SPD und Bündnis 90/Die Grünen (unter Klaus Wowereit) führte. Seit den vorgezogenen Neuwahlen vom Oktober 2001 wurde Berlin von einer SPD / PDS-Koalition unter dem Regierenden Bürgermeister Wowereit (SPD) regiert. Im November 2002 erklärte der Senat, dass sich Berlin in einer „extremen Haushaltsnotlage" befinde, aus der es sich aus eigener Kraft nicht befreien könne: Der Schuldenberg des Landes betrug im Jahr Jahr 2002 stattliche 46, 2010 sogar 62 Mrd. Euro, rechnerisch war jeder Berliner staatlicherseits mit 17.420 Euro verschuldet. 2003 folgte der Gang nach Karlsruhe zum Bundesverfassungsgericht, um einen Anspruch auf Sanierungshilfen durch den Bund geltend zu machen. Die Richter jedoch ließen Berlin am 19. Oktober 2006 abblitzen. Berlin könne die schwierige Haushaltslage „mit großer Wahrscheinlichkeit" aus eigener Kraft überwinden, eine Existenzbedrohung für das Land sei nicht erkennbar. Das Problem seien nicht die Einnahmen, sondern die im Vergleich zu anderen Bundesländern noch immer zu hohen Ausgaben. Explizit wies das Gericht darauf hin, dass Berlin auf den Feldern Wissenschaft und Kultur deutlich mehr ausgebe als beispielsweise Hamburg.

So musste Berlin weiterhin aus eigener Kraft versuchen, seine finanzielle Notlage zu meistern. Konsens bestand in der öffentlichen Diskussion allerdings darin, gerade in Wissenschaft und Kultur nicht zu sparen. Im Gegenteil, 2007 startete der Senat eine groß angelegte Initiative, um Berlins Position als führende deutsche Wissenschaftsstadt auszubauen. Auch als Kulturmetropole hat Berlin inzwischen alle anderen deutschen

Städte abgehängt – wobei es sicherlich nie eine solche Stellung einnehmen wird wie Paris in Frankreich oder London in Großbritannien. Und das ist in einem föderalen Staat wie Deutschland auch gut so, um ein inzwischen geflügeltes Wort des einstigen „Regierenden" Klaus Wowereit aufzunehmen.

In den Zahlen schlugen sich die umfassenden Konsolidierungsmaßnahmen des Senats, für die Wowereit und sein Finanzsenator Thilo Sarrazin den flapsigen Spruch „Sparen, bis es quietscht" prägten, positiv nieder. Der Anstieg der Neuverschuldung wurde erheblich gedrosselt, der Schuldenstand konnte bis 2019 auf 57 Mrd. Euro gesenkt werden.

Dass das teuer erkauft war, wurde erst mit Verzögerung deutlich. Die

Zehn Tage lang werden in jedem Herbst prominente Berliner Bauten mit Lichtspielen überzogen. Hier der Potsdamer Platz im Jahr 2019

personell ausgedünnten Ämter können ihre Aufgaben heute kaum noch erfüllen, Bürger müssen wochen- und monatelang auf Termine etwa für die Ausstellung eines Ausweises oder die Anmeldung ihres Autos warten, Schulen sind marode, Straßen kaputt, der Breitband-Ausbau kommt nicht voran. 2015/16 wurden die Probleme eklatant deutlich beim Landesamt für Gesundheit und Soziales, kurz „Lageso", das die Aufnahme der zahlreichen Flüchtlinge aus Syrien, dem Irak und Afghanistan kaum bewältigen konnte. Dafür zeigte sich, wie engagiert viele Bürger zupacken können, wenn es wirklich nötig ist. Auch die sehr gut funktionierende Aufnahme der Ukraine-Flüchtlinge seit Februar 2022 ist großem bürgerschaftlichem Engagement zu danken.

Überhaupt ist die Stimmung bei vielen Berlinern nicht so schlecht, wie man vermuten könnte. Und die spöttische Bezeichnung Berlins als „failed state", als „gescheitertem Staat" führt nicht dazu, dass sich die Berliner in ihrer Stadt nicht mehr wohlfühlen würden. Zwar wird man kaum jemanden finden, der nicht klagt, dass Berlin gerade viel von seinem Charme verliere. Und doch ist Berlin für die meisten Berliner immer noch die tolerante, die „coole" Stadt, die lebenswert ist wie kaum eine andere Metropole.

Einen Wendepunkt in der Entwicklung bedeutete die Finanzkrise 2008/09, die auf ewig mit der Insolvenz der New Yorker Investmentbank Lehman verknüpft bleiben wird. Plötzlich gab es viele Investoren in der Welt, die auf der Suche nach „handfesten" Geldanlagen waren, und sie entdeckten Berlin. Als Bumerang erwies sich nun, dass das Land Berlin seit den 90er-Jahren einen großen Teil seines kommunalen Wohnungsbesitzes, insgesamt rund 200.000 Wohnungen, verkauft hat. Denn seit 2012 wächst die Einwohnerzahl Berlins wieder, in manchen Jahren zählte man über 40.000 Neubürger. Und viele von ihnen fanden sich bald schon auf der verzweifelten Suche nach einer Wohnung. Seit etwa 2010 sind die Immobilienpreise, nicht zuletzt durch die Nachfrage ausländischer Käufer, und im Gefolge die Mieten rasant gestiegen. Zugleich sind zahlreiche Wohnungen aus der Sozialpreisbindung gefallen – und die Zahl der Neubauten kommt nicht hinterher. Entsprechend heftig wird über Lösungen diskutiert, über Mietpreisbremse und Mietendeckel, kommunale Vorkaufsrechte, Rückkauf von Wohnungen und ähnliches. Was Berlin für viele junge Menschen und Künstler von auswärts so attraktiv machte, waren genau diese niedrigen Mieten, die vielen freien

Demonstration von Fridays for Future im Dezember 2019 vor dem Reichstag

Wohnungen, die niedrigen Lebenshaltungskosten. Das Preisniveau ist vergleichsweise niedrig geblieben, was auch daran liegt, dass die Arbeitslosenquote Berlins unverändert hoch ist im Vergleich zum Rest von Deutschland (2021 9,8 Prozent bei einem Bundesdurchschnitt von 5,7 Prozent) und dass es hier einen hohen Anteil von Sozialleistungsempfängern gibt. Doch die Wohnsituation ist äußerst angespannt. Einkommensschwache Mieter werden durch Sanierungen verdrängt. Und die steigenden Gewerbemieten haben sichtbare Auswirkungen auf die Vielfalt der Cafés und Geschäfte. Die Gentrifizierung schlägt nun auch in Berlin zu.

Erstaunlicherweise mindert das die Anziehungskraft Berlins auf Menschen aus aller Welt anscheinend überhaupt nicht. 200.000 junge Leute studierten 2022 in Berlin, ein Viertel mehr als zehn Jahre zuvor – darunter viele aus anderen EU-Ländern. Und wie schon häufig in der Berliner Geschichte initiierten (vor allem) die jungen Leute immer wieder politische Aktionen, die aufs ganze Land ausstrahlen. Berlin ist das deutsche Zentrum von Bewegungen wie „Fridays for Future", „Black Lives Matter" und „Extinction Rebellion".

Auch „digitale Nomaden" zieht es nach Berlin. Hier gibt es so viele Start-up-Unternehmen wie kaum anderswo, und zahlreiche Mitarbeiter

Seit dem 21. Dezember 2021 hat Berlin eine Regierende Bürgermeisterin: Franziska Giffey

kommen aus aller Welt, um hier ein paar Jahre zu arbeiten – und zugleich das Nachtleben und den entspannten Berliner Alltag zu genießen. Das geht inzwischen auch ohne Deutsch zu sprechen. In zahlreichen Cafés und Bars nicht nur in Mitte oder Neukölln kann man nur noch auf Englisch bestellen. Was die einen als Internationalisierung feiern, führt andererseits dazu, dass sich viele Alt-Berliner heimatlos fühlen. Das auszutarieren wird eine wichtige Aufgabe der Zukunft sein.

Überhaupt der demografische Wandel: Ende 2021 hatten 36,6 Prozent aller Einwohner Berlins einen Migrationshintergrund. Und anders als früher gibt es heute zahlreiche Kinder, die in Berlin geboren sind, aber bis zum Eintritt in die Schule kaum mit der deutschen Sprache und der Kultur der Mehrheitsgesellschaft in Kontakt kommen. Diese Vielfalt kann man als kulturellen Reichtum schätzen, aber auch als Gefahr von Parallelwelten kritisieren. Die Diskussionen zum Thema Integration werden zum Teil hochemotional geführt, und dann fallen oft Stichworte wie Islamismus (erwähnt sei das Lkw-Attentat auf den Weihnachtsmarkt an der Gedächtniskirche durch Anis Amri 2016, bei dem zwölf Menschen starben), Ehrenmorde oder die Drogenszene am Görlitzer Park.

Allen Diskussionen zum Trotz steht Berlin glücklicherweise aber, wie zuvor 40 Jahre lang nur der West-Teil der Stadt, vor allem für Freiheit. Berlin ist in den letzten Jahren zum wichtigsten Fluchtort politischer Exilanten geworden. Dass der vielleicht berühmteste Künstler der Welt, Ai Weiwei, 2015 aus China nach Berlin übersiedelte, ist sicherlich kein Zufall. Zwar verließ er zwei Jahre später mit seiner Familie unter großem Mediengetöse das angeblich „intolerante" Deutschland in Richtung Großbritannien und später Portugal, doch arbeitet er weiterhin in seinem Studio im Prenzlauer Berg.

Noch immer ist Berlin „arm, aber sexy", wie es Klaus Wowereit einst flapsig, aber treffend formulierte. Der übergab übrigens das Amt des Stadtoberhaupts 2014 an Michael Müller (SPD). Nach der Wahl 2016 bildete Müller einen Senat aus SPD, Linken und Grünen – die erste rot-rot-grüne Regierung in Deutschland. Seit der Wahl 2021, bei der sich die SPD nur knapp vor den Grünen als stärkste Kraft, wie stets seit 2001, behauptete, wird sie unter der neuen Regierenden Bürgermeisterin Franziska Giffey fortgesetzt.

Die Rahmenbedingungen sind für die Politik nicht einfacher geworden. Die Finanzlage des Landes Berlin, das inzwischen fast 3,8 Mill. Einwohner zählt, ist erneut angespannt, die Verschuldung gestiegen, vor

Symbol des Berliner Freiheitsgefühls: das Tempelhofer Feld

allem wegen der Corona-Krise seit Anfang 2020 (nur die Bremer müssen in Deutschland mit einer noch höheren staatlichen Pro-Kopf-Verschuldung leben). Doch so schlimm die Bedrohung durch das Corona-Virus auch war, in der Verkehrspolitik wurde plötzlich möglich, was über Jahre hinweg kaum voranging: Berlin hat viele neue Radwege erhalten auf den großen Durchgangsstraßen. Denn auch das ist eine wichtige Aufgabe der kommenden Jahre: Berlin erstickt im Auto- und vor allem Lieferverkehr. Für den Klimawandel ist die Stadt vergleichsweise gut gerüstet, ist sie doch mit ihren vielen Straßenbäumen und Parks so grün wie kaum eine andere Großstadt.

Wie in einem Brennglas verdichtet sich im Tempelhofer Feld, dem einstigen Flughafen, was Berlin für vielen Menschen ausmacht: ein riesiges naturbelassenes Areal mitten in der Stadt, das durch einen Volksentscheid gegen die Politik erkämpft worden ist, auf dem jeder (neben den geschützten Brutwiesen der Vögel) tun und lassen kann, was er will, wo man Drachen steigen lässt, sich beim Joggen auspowert oder sich mit Freunden auf ein Bierchen trifft, wo vor allem die türkische „Community" grillt, was das Zeug hält, und wo gleich nebenan die Anhänger der „Urban Gardening"-Bewegung ihre Guerilla-Gemüsegärtchen pflegen. Und am Eingang steht oft jemand, der einen bittet, die neueste Bürgerinitiative mit einer Unterschrift zu unterstützen, wie 2021 zur Enteignung des Wohnungskonzerns Deutsche Wohnen.

Berlin ist noch immer eine Stadt, in der jeder nach seiner Fasson selig werden kann, eine Stadt für Individualisten. Nicht alle Wünsche und Träume sind seit 1990 in Erfüllung gegangen. Viele ehemalige DDR-Bürger zeigten sich ernüchtert über die Realität des Westens, die man ja nur aus dem Fernsehen kannte. Im Westen dagegen sahen viele den Osten nur als „Milliardengrab" staatlicher Subventionen. Viel hartnäckiger als die reale Mauer zwischen beiden deutschen Staaten hielt sich die „Mauer in den Köpfen". Doch vor allem in Berlin definieren sich heute immer weniger Menschen über ihre Herkunft. Die Frage Ost oder West spielt immer seltener eine Rolle. Berlin, die für vier lange Jahrzehnte geteilte Stadt, in der sich die Realität des Kalten Krieges so zugespitzt zeigte wie nirgends sonst, hat doch erstaunlich schnell wieder zur Normalität zurückgefunden.

Es ist eine Normalität des Außergewöhnlichen, die Berlin zumindest kulturell weiterhin und unbestritten zu einer der aufregendsten Städte Europas und der Welt macht.

Anhang

Personenregister

Bildquellen

Wikimedia Commons: 6 f. (Anton von Werner), 8, 9, 10, 12, 13, 14, 15 (Heinrich Zille), 17, 18, 20, 21, 22 (J. Staudt, G. v. Calowitz), 23, 24 (United States Library of Congress, ppmsca.02546), 25 (Bundesarchiv, Bild 146-1973-030D-44 / CC-BY-SA 3.0), 26, 28 o. (United States Library of Congress, ggbain.04582), 28 u. (Imperial War Museum, HU 68367 / Thomas Heinrich Voigt), 30, 31 (Heinrich Zille), 33 (Bundesarchiv, Bild 183-H0806-0501 / CC-BY-SA 3.0), 36, 37 (Bundesarchiv, Bild 183-R25206 / CC-BY-SA 3.0), 38, 39 (Bundesarchiv, Bild 183-N0703-343 / Donath / CC-BY-SA 3.0), 42 f. (Hans Baluschek), 44 (Bundesarchiv, Bild 146-1977-074-08 / Robert Sennecke / CC-BY-SA 3.0), 45 (Bundesarchiv, Bild 146-1976-067-30A / CC-BY-SA 3.0), 47 (Bundesarchiv, Bild 146-1972-033-15 / Gebrüder Haeckel / CC-BY-SA 3.0), 49 (Bundesarchiv, Bild 146-1970-051-65 / Otto Haeckel / CC-BY-SA 3.0), 50, 52 (Julius Straube, Benno Straube), 54 (Bundesarchiv, Bild 146-1970-051-11 / CC-BY-SA 3.0), 55 (Bundesarchiv, Bild 102-00075 / CC-BY-SA 3.0), 56 (Bundesarchiv, Bild 183-L40010 / CC-BY-SA 3.0), 57 (Bundesarchiv, Bild 102-11036 / CC-BY-SA 3.0), 59 (Bundesarchiv, Bild 183-B0527-001-588 / Heinz Röhnert / CC-BY-SA 3.0), 61 (Waldemar Franz Hermann Titzenthaler), 62 (Bundesarchiv, Bild 183-K0623-0502-001 / CC-BY-SA 3.0), 63 (Bundesarchiv, Bild 183-Z0127-305 / CC-BY-SA 3.0), 64 f., 66, 67 (Bundesarchiv, Bild 119-2406-01 / CC-BY-SA 3.0), 69 (Bundesarchiv, Bild 183-S38324 / Theo Eisenhart / CC-BY-SA 3.0), 72 (Bundesarchiv, Bild 102-14468 / Georg Pahl / CC-BY-SA 3.0), 75 (Bundesarchiv, Bild 102-14597 / Georg Pahl / CC-BY-SA 3.0), 76 (PD at National Archives and Records Administration), 77 (Bundesarchiv, Bild 183-N0419-501 / CC-BY-SA 3.0), 79 (Bundesarchiv, Bild 146-1976-033-17 / CC-BY-SA 3.0), 81 (Willy Pragher), 83 (Bundesarchiv, Bild 183-J31396 / CC-BY-SA 3.0), 84 (Bundesarchiv, Bild 183-J31328 / CC-BY-SA 3.0), 85 (Bundesarchiv, Bild 183-J0422-0600-002 / CC-BY-SA 3.0), 87 (Imperial War Museum, BU 8962 / Lockeyear W T, Malindine E G), 88 f. (Gotanero / CC-BY-SA 4.0), 90 (Bundesarchiv, Bild 183-M1015-316 / Otto Donath / CC-BY-SA 3.0), 91 (Bundesarchiv, Bild 183-H25346 / Erich O. Krueger / CC-BY-SA 3.0), 93 (Bundesarchiv, Bild 183-N0703-332 / Otto Donath / CC-BY-SA 3.0), 95 (Bundesarchiv, Bild 183-V08147 / Marquardt / CC-BY-SA 3.0), 97 (Bundesarchiv, Bild 183-W0910-305 / Abraham Pisarek / CC-BY-SA 3.0), 98 l., 98 r., 101 (Bundesarchiv, Bild 146-1982-181-20 / CC-BY-SA 3.0), 102 (Einofski / CC-BY-SA 3.0), 104 (Imperial War Museum, MH 30687), 105 (Bundesarchiv, B 145 Bild-F005191-0040 / CC-BY-SA 3.0), 106 (Bundesarchiv, Bild 183-12425-0008 / Horst Sturm / CC-BY-SA 3.0), 109 (Bundesarchiv, Bild 173-1321 / Helmut J. Wolf / CC-BY-SA 3.0), 110 (Colin Smith / CC-BY-SA 2.0), 111 (Willy Pragher / CC-BY-SA 3.0), 112 (Bundesarchiv, Bild 183-90187-0005 / Peter Heinz Junge / CC-BY-SA 3.0), 114 (Bundesarchiv, Bild 183-17200-0001 / Krueger / CC-BY-SA 3.0), 115 (Bundesarchiv, Bild 183-19196-0004 / Krueger / CC-BY-SA 3.0), 116 (Willy Pragher / CC-BY-SA 3.0), 119 (Bin im Garten / CC-BY-SA 3.0), 121 (Stiftung Haus der Geschichte, Ludwig Binder / CC-BY-SA 2.0), 122 (Stiftung Haus der Geschichte, Ludwig Binder / CC-BY-SA 2.0), 125 (Reagan White House Photographs), 126 (ETH-Bibliothek Zürich, Bildarchiv / Fotograf: Lanz, Christian / Com_L29-0034-0002-0016 / CC BY-SA 4.0), 131 (Frits Wiarda / CC-BY-SA 3.0), 133 (Bundesarchiv, Bild 183-1989-1110-018 / Klaus Oberst / CC-BY-SA 3.0), 134 (Lear 21 at English Wikipedia / CC-BY-SA 3.0, 2.5, 2.0, 1.0), 136 (Kasa Fue / CC-BY-SA 4.0), 138 f. (Ole Neitzel), 140 (Bundesarchiv, Bild 183-1990-1003-400 / Peer Grimm / CC-BY-SA 3.0), 143 (Gerd Danigel / CC-BY-SA 4.0), 144 (Jochen Teufel / CC-BY-SA 3.0), 145 (Frank Liebig / CC-BY-SA 3.0), 147 (Arne Müseler / CC-BY-SA 3.0), 148 (Norbert Nagel / CC-BY-SA 3.0), 149 (Leonhard Lenz), 150 (Kurt Kaiser), 151 (U.S. Federal Government), 153 (GillyBerlin / CC-BY-SA 2.0), 155 (Stefan Müller / CC-BY-SA 2.0), 156 (Sandro Halank / CC BY-SA 4.0), 157 (Peter Maiwald / CC BY-SA 3.0), 159 (PolizeiBerlin / CC-BY-SA 4.0), S. 160 f. (Roehrensee / CC-BY-SA 3.0)

Und wie erging es Berlin und
den Berlinern vor 1871?
Das können Sie hier erfahren:

Klappenbroschur, 192 Seiten
ISBN 978-3-89773-436-4

„Höchst empfehlenswert!"
(der Freitag)